"一生美人"力

養成美的體質，打造人生最佳質感的108種祕訣

一生美人力
人生の質が高まる
108の気づき

齋藤 薰 著　嚴可婷 譯

Contents

Contents

Contents

Contents

Contents

Contents

Contents

Contents

想在年紀漸長之後，依然保持美麗，
最重要的是用「青春」交換了什麼？

rule 01

真正時尚的態度，是「立即行動」！

心想「以後再開始」，等於一輩子都不會採取行動。過了四十歲之後，所謂的「有一天」就是現在！

有些人抱持著「錯過『當下』就不會再有機會，所謂『有一天、我有一天一定會』，其實一輩子都不會有那一天」的想法，通常抱持這樣想法的人，人生都很順利——這就是這次我們要談的主題。

首先，心想「這件衣服說不定哪天會穿，先買起來擺著」、「這樣東西以後可能會用到，還是留著吧」……就是物品逐漸增加，家中物品陸續堆積的主要原因。的確，在整理、淘汰東西的時候，只要想到「以後說不定會用到」，就會忽然覺得那些東西其實不錯，而且充滿魅力。然而到了第二天，它們又變回缺乏吸引力的物品。衣服與物品彷彿知道自己將被拋棄，使出最後的渾身解數，顯現最美好的一面。但是千萬不可受到矇騙，因為「有一天」通常不會來臨。

同樣地，有一天會實現、有一天會得到，以及總有一天會去……這類的「有一天」多半一輩子都不會來臨。「以後想練舞」，但卻在不知不覺間因為膝蓋疼痛而無法實現，這樣的例子並不罕見。「以後想搬進去住」的理想住宅，很容易漸漸達不到貸款的門檻。心想「總有一天會出發」的長期海外旅行，忽然因為家裡出狀況而無法出遠門。「有一天」總是會被某些事打擾，終究無法實現……甚至也可能自己失去動力，心想「唉，算了」。不論哪一種情形，「有一天」都會變得遙遙無期。

所以一旦過了四十歲，就不能再想著「以後」拖延下去。所謂的「有一天」就是「現在」。正因為是像買房子這類的大事，有很多事，現在如果不立刻採取行動，一輩子都不可能實現，不要再把這些當成目標或夢想，希望大家趁著還能重來時，勇於嘗試。

rule 02

「美麗的人格」靠說話來養成

他人對你的印象幾乎都由「語尾」決定，所以，請好好地說完整句話。

「可能不行」、「或許會不喜歡吧」……類似「～說不定」的表現方式，在日常對話中，明顯是為了讓原本的否定句聽起來較為婉轉，除此之外少有其他的用意。如果直言不諱地說「不可以」、「不行」，可能會傷害到對方，因此讓否定句的語尾變得較曖昧，這樣的差異各位應該早就察覺到了吧。

總之，選擇使用什麼樣的語尾，可說會決定一個人給人的印象，語尾與「人格」徹底形成關聯，形成人「必要」的特質。就連小孩都知道，選擇說「是這樣的呢」或「就是啊」會帶來不同的效果。況且，就算同樣說「是這樣的呢」，隨著音調、說話的抑揚頓挫、咬字、夾雜呼吸的方式……等，在這短短幾個音裡，可以展現出各種差別，因此足以代表這個人本身。而且隨著語尾的變化，整句話的意思也會產生大逆轉。因為語尾包含了個人的感情，只有語尾會一直殘留在對方的印象裡。

不論是什麼樣的肯定句，最後都以漫不經心的語尾作總結，比起態度一百八十度大轉變的否定句，更會帶給人說話帶刺而且傲慢的印象；反過來說，無論如何否定對方，只要溫和、友善、穩健地說，也能傳達正面的意思，並且留下平穩而知性的女性印象。甚至可以說，如果讓人察覺到說話草率地結束，容易顯得老氣，對自己不利。

正因為如此，所以要成為能細心、溫柔地說出優美語尾的女性。結束句尾時，就像把禮物送給重要的人，靜靜地擺在桌子上。光是這樣，不管提出什麼樣的意見，都能說服人，並成為擁有「美麗人格」的女子。

rule 03

為什麼「懂得捨棄的人」會變美？

淘汰可以淨化生命，補充持續生存的能量。

「整理」近來忽然受到重視。譬如「整理淘汰過去累積的物品，就像整頓自己的人生一樣」。

幾年前，我的一位伯父與他的太太，將家中的物品淘汰到只剩原來的三分之一，還告訴我，他們覺得「重獲新生」。當時我才明白，「物品的淘汰」在與「整頓人生」劃上等號之前，也是種淨化生命、「重啟人生」的方法。

擁有大量衣物的伯母，竟然大膽地捨棄到讓衣櫥變得空盪盪的地步，我聽到時雖然很驚訝，但是看到她很開心地訴說當時的心情，這段記憶確實讓我有所覺悟。正因為「連必需的品項都一起丟了」，所以要細細欣賞上等的衣物，重新購買。這應該是生命煥然一新以後，所產生的效應吧。也就是「捨棄的行為」帶來的意外效果。

捨棄舊衣服，重新購買少量的新衣……考量到年齡增長，衣櫥裡的衣物也該徹底更新。女性捨棄衣服，不只是淘汰而已。在淘汰之後，會湧現想要活得更美的新能量。

其實人活著，會自然順應生存的環境。如果置身在美的環境，就會變美；處在混亂的環境，就會變得邋遢。就像把牆壁上骯髒的塗鴉抹去，犯罪率也會跟著降低，道理相同。所以生活在整潔的房間裡，人也會變得越來越端麗。

明明很清楚這個道理，但是隨著年齡增長，東西也跟著增加，弄亂之後整理好，然後又亂了，變成總是在重蹈覆轍。一口氣將東西扔掉，就能想起重要的法則——「東西越少越不會亂」。

如果東西的數量超過可收納的量，房間就會變亂。不，應該說要讓收納只有六分滿，預留四十％的餘裕，人才能過著像室內設計雜誌般的生活。想通這個必然的道理，我才真正開始下定決心丟東西。

而且因為抱持強烈的警惕，不想再讓東西平白無故增加，購物時就會特別謹慎，仔細到令人訝異的程度。既然捨棄舊物的心得，是「曾經以為『以後說不定會用到』的東西，因為用不到所以淘汰了」，那麼購物時就能明白，「不知道究竟該不該買的東西其實沒有必要，所以不買」。因為光是擁有自己確信「一看就知道需要」的物品，就可以過著富足的生活。

各位要不要也試著大量淘汰舊物，讓生命煥然一新呢？當然，這麼做是希望能重新變得更美。捨棄所達成的抗衰老，也可說是對於抗老化的覺醒。

rule 04

無論到了幾歲，還是會對未來抱持期待嗎？

內心深處的「自信」，是保持年輕的關鍵。

不論你到了幾歲，還是會對將來抱持期待嗎？

在三十幾歲時，期待四十幾歲來臨；到了四十幾歲時，依然期待五十幾歲的未來，且尤其嚮往老年的時光……

我認為像這樣的人，正擁有著美好的人生。

總是對未來感到不安的人，的確容易變老。對未來是否抱持期待，最基本的差別，在於對自己有沒有自信。那並不是展現於外的自信，而是內心深處的自信，自信的多寡將決定是否能保持年輕。

rule 05

「瘦兩公斤」，正是讓別人覺得變漂亮的祕訣

變瘦一點都不難，只要平時保持一個好習慣，就可以獲得「瘦得很漂亮」的稱讚。

「妳最近忽然變漂亮了呢。」

人通常會在「稍微瘦了一點點」時聽到這樣的評語。換算成體重的話，大約是兩公斤。如果瘦了五公斤，只會讓人好奇「咦，最近是不是在節食？」減重並不是以變瘦為目的，而是為了變漂亮，很多女性都混淆了這一點。

因此，試著「瘦兩公斤」吧。一公斤左右的變化很尋常，如果意識到昨天吃太多，今天稍微節制一點，減輕一公斤很快，但是瘦兩公斤就沒那麼容易。如果不做些改變，無法達到這個數字。話雖如此，但「絕對不吃哪些東西」或「只吃某些食物」，都不會讓自己變漂亮，瘦身的效果在復胖後，又要反覆重

來。更重要的關鍵是，在日常的飲食生活中「做出某些改變」。

從現在起就可以做到的事，聽來像是老生常談，但卻是不變的真理——「細嚼慢嚥可以瘦身」。大家都知道血糖值提升可以帶來飽足感，其實咀嚼會促進組織胺（histamine）分泌，可抑制食慾、促進內臟脂肪分解，還有提高體溫加速代謝的作用。也會減少吃點心的慾望、比較不容易便秘，壓力減輕之後，自然不會吃過量，多咀嚼會鍛鍊臉部肌肉，可以讓臉看起來比較小……會帶來許多好處，而且沒有副作用。究竟應該咀嚼多少次，從一口三十次到一百次，各種說法都有；不過剛嘗試的人只要二十次，就可以達到充分的效果。雖然有人一下子就減掉五到六公斤，但是如果充分咀嚼，減兩公斤就夠了。也可以獲得「瘦得很漂亮呢」的最佳讚美。

雖然用餐時間必然會延長，但是每天感受到的幸福會逐漸增加，也一定會察覺到自己變得更美麗。

rule

06

走路的方式，就是生活的方式

漂亮地走，就能活得年輕長壽。
走路時嘴角上揚，背自然會更挺直。

有句話說：「在世界上，只有自己看不見自己的樣子。」這除了提醒我們要更客觀，同時也警示著：人其實不瞭解自己。

尤其每個人幾乎都沒看過「自己走路的樣子」。但諷刺的是，在我們給別人的印象中，走路的方式佔了相當的比例。而且不只停留在印象，走路的方式，其實透露出一個人的許多面向。包括健康狀態、現在的生活方式、有沒有品味，甚至無形間竟然也會透露過得幸不幸福——走路的樣子，總是不知不覺將內心狀態顯現出來。

走路的方式最容易透露出年齡，比肌膚更能明顯呈現出外觀的差距，譬如比實際年齡看起來年輕或老化。隨著年齡增長，體型變化或身體彎曲，都會讓走路的方式大幅改變，但光是走路姿勢漂亮，跟同年齡的人相比看起來就會更年輕，正確的走路姿勢還可以為身心帶來能量。也就是說，以俐落的步伐出門上班，一整天都會充滿朝氣，而且有效率地完成工作；以輕快的腳步回家，不流露出過度的疲勞，翌日早晨也會徹底清醒過來。每天都以流暢的步調運作，身心都覺得愉悅，生活漸漸形成良性循環，於是感覺變年輕了。不論外在或身體狀況都會有顯著的改變！

首先以「走台步」為基礎。彷彿從頭頂受到牽引，將背挺直走路。膝蓋不要彎，要像是用腳尖踏出步伐似的，流暢地走。如果保持微笑，感覺會走得更挺。只要記住這些要訣，朝氣就會在體內開始循環，無論什麼事都能順利進行。走路的方式，也就是生活的方式。

rule 07

延長用餐時間，就能提升生活品質

在用餐時更細心，「重新整頓」幸福的死角。

有一種說法是，婚姻就是「一日三餐」。平常只有吃飯時互相面對面，假日也是一整天都在吃東西。如果只是解決三餐，婚姻生活最後會變得貧乏無味。所以，希望各位將用餐視為幸福的生命線。

無論如何，要是沒有意識到每天餐點的重要，很容易變成只是一種「義務」。像是「非煮不可」或「非吃不可」一樣，就算用心地花了兩小時煮咖哩飯，家人可能只花十分鐘就草草吃完了，這樣不合理的情形也可能發生。所以不論是負責煮或吃的人，每個人都應該更細心地「重新正視」吃飯這件事。

因此，希望各位多花些心思，不要趕在十分鐘之內解決一餐，我們就從這件事開始吧。香檳或紅酒，其實都是為了延長用餐時間而準備的。當然，菜色越豐富越好，餐桌可以用蠟燭或鮮花裝飾，準備讓心情愉悅的音樂。所有的對話都是延緩用餐時間的要素，光是這樣，就會從根本改變日常生活。愉快地享受用餐的幸福，一定無與倫比。

不過，還有一件重要的事情。「和食」已成為無形文化遺產，人們已經注意到，「和食」就是「讓用心地進食成為幸福的基礎」。不論和食看起來有多簡單，也還是很寶貴。彷彿為了體會其中的滋味，用筷子一口口挾取，再慢慢地品味，不可思議的是，光是這樣就覺得心滿意足。一個人的餐桌，也可以感受到「幸福地用餐」。

光是仔細地用餐就能調整生活方式，希望大家儘早發現這個道理。人生的品質就是用餐的品質，這麼說也不為過。

rule
08

塗紅色唇膏卻「不顯老」？關鍵在於清爽感！

紅色唇膏，可說是不容易駕馭的顏色。其中的差異究竟是什麼？

你的梳妝台，說不定還有一條沒用完的唇膏。最近，沉寂已久的正紅色唇膏又再度流行起來。這波流行的對象，是尚未經歷過去紅色唇膏熱潮的二十幾歲女孩。在街上不時可以看到，因此不必擔心過於突兀，建議大家不要膽怯，也嘗試看看。搽上久違的紅色唇膏，肌膚彷彿自帶打光板，讓女性的臉龐看起來更明亮。如果成功的話，或許有重返青春的效果，可說是帶有魔力的唇色。

不過相反地，失敗的例子也很多，可說是不容易駕馭的顏色。那麼其中的差異究竟是什麼？說穿了，就在於是否清爽。塗上唇膏的日子，全身上下每個角落，都必須乾乾淨淨。無論肌膚、頭髮、眼眸、衣服，都必須保持清潔。當然，塗上唇膏時也要避免掉色或是畫偏嘴唇輪廓，因為會有損整體的乾淨俐落，所以絕對要避免。總之，是否清爽，是塗上紅色唇膏可以「變年輕」的關鍵，否則就成了「感覺老氣的原因」。

而且這個原則不限於使用唇膏。人開始變老，就是喪失了「清爽」。在少女時代，每個人感覺都很清新。但是隨著年紀增長，全身各處的清爽感漸漸消失。所以女性越年長，越應該意識到這點，重新創造清爽感。過了四十歲之後，可以這麼想：美麗＝清爽，年輕＝清爽。從打扮到化妝，希望各位能試著以清爽為主，因為這是讓自己顯得美麗又年輕的最重要關鍵。

在外出前一定要照鏡子確認，今天的自己看起來是否乾淨。從現在起，每天改變一點點也可以，希望各位創造出新的清爽感再出門。

rule 09

想要不老氣，請避免說人壞話

女人說人壞話，就會顯得老氣，所以如果聽到批評，就靈巧地轉變話題。

你或許也發現，世界上明顯分成兩種人：會說人壞話的人，跟不說壞話的人。無論如何，「說壞話的人」看起來都比「不說壞話的人」老。在十幾歲的時候，說壞話的同學明明跟大家同年齡，但是不知為何，總顯得比較老。

這並不是強詞奪理。「說壞話的人看起來比較老」似乎像是旁觀者的感覺，但說起來，皮膚的狀況也是如此。如果皮膚暗沉，缺乏澄淨的透明感，看起來彷彿老了十幾二十歲。因此，內心污濁的人，比心地純潔的人看起來老十歲、二十歲也不足為奇。因為說壞話，正是內心感到疲憊的證據。

但令人困擾的是，壞話會傳播。只要有人說了，就會有人輕易上當。壞話甚至也是種「甜頭」，只要跟別人一起說壞話，很容易覺得這是種「友情」，因此更容易在人與人之間散播開來。所以，最好抱持堅定的決心，就算想說別人的壞話，也不要真的說出來。

不過，想拒絕「說壞話的誘惑」真的很難。如果直接提出反對意見「我不這樣覺得」，會激怒對方。要是只有自己當好人，在這樣的情形下，壞話的矛頭可能會轉而指向自己。所以要試著轉換一下。不要涉及被批評的「某人」，去體諒說壞話的人的心情，想著「這個人現在覺得很不開心呢」。如果是因為嫉妒而生、單方面的壞話，只要想成「人的幸福有限，『某人』一定也經歷了各種各樣的事」，就能平撫對方的情緒。無論如何，試著像這樣努力成為不說壞話的人，是種很得體的抗老方法。

rule
10
對物品或人際，抱持著「這是一輩子」的心態

到了四十幾歲，就算有點勉強，也要購買「一生必須擁有的物品」。

想要買超出自己能力範圍，昂貴而且高級的物品時，我會告訴自己，「這是『一生必須擁有的東西』」。究竟像這樣有些勉強的「一生一次的購物」是對是錯呢？真要說起來，其實是非常正確的決定。因為如此，才會一輩子愛惜，從帶回家的瞬間開始，用心地使用對待，可培養「愛物惜物」的心。

這麼一來，生活本身也會漸漸地越來越清晰。當選擇「一輩子的物品」成為習慣，就可以清楚分辨對自己而言重要與不重要的東西，不知不覺也在整理擁有的物品。只因為一件「一輩子的物品」就能改善生活方式，真的很好。加上稍微有點勉強才買到的東西，會打從心底認為是「一輩子的物品」，一定會將自己提升到相應的層次。擁有的物品有可能促使人成長。

另一方面，像化妝品這類會持續進化的消耗產品另當別論；如果是「一生信賴持續使用」，正意味著找到了「終生愛用的物品」。發現了像這樣的產品，就不會再買用不到的東西，也不會動搖而陷入煩惱，這可說是心情上的抗老吧。也將更瞭解自己的優點與缺點。

說得更極端一些，對於自己的每一位女性朋友，最好都抱持著「一生的朋友」的心態往來，這樣會讓心靈更平靜，人生更充實。如果只是反覆著很快就變得親近、也很快就疏遠的關係，人生不會因此變得更美好，只會變得淺薄，當然無法以愉快的心情漸漸變老。

如果在四十幾歲時釐清這些事物，意識到處於人生的轉折點，「終生愛用的物品」將會持續增加。

rule 11

品性，才是決定美麗的關鍵！

為下一位使用者把洗手檯擦拭乾淨，就是品性的美容、「日本的美容」。

有份以各國學生為對象的問卷調查，在「對自己是否有信心？」的問題中，回答最多「否」的是日本學生。但是對於「是否想對他人有貢獻？」，回答最多「是」的也是日本。我再次感受到，出生在日本這個國家，真是件好事。

實際上在我周遭，有許多人都說「有一天想為別人做些什麼」。不過另一方面，也有些人感到很挫折，因為自己雖然很努力，但是人生卻不盡如意。因此「為了世人，為了眾生」也有分成各種等級。每個人可能產生不同的理解，我想，首先可以試著問問自己，是否具有「為不認識的人」服務的精神。

譬如在自己使用完洗手間後，是否願意為「不認識的人」，細心地擦拭洗手檯上飛濺的水花。這雖然是相當基本的生活禮儀，卻也不只是禮貌，還代表你願不願意為不認識的人著想。如果自己使用前為自己將水擦乾，卻不願意幫下一位使用者擦拭，那就與「為了他人」相違背。就算在家確實進行垃圾分類，出門在外，對於丟垃圾的方式卻隨隨便便的人，已經違反「為了他人」的原則。如果從這些小地方改正，其實也還不遲。

人美麗與否，就某種意義來說，是由品性決定。品性也就是道德上的性格。即使在別人看不到的地方，仍會為他人設想，如果一直抱持著這樣的想法而活，一定能徹底淨化給人的印象——希望這將成為現在「日本的美容」的定義。

rule 12

所謂的優雅，就是不慌不忙、不讓壓力累積！

不讓自己為往事陷入感傷，
這就是「早起」的最大功效。

「晨型生活」目前正成為某種潮流。原因不用特別說，當然是時下流行的追求健康。其實我自己轉換為晨型人已經有十幾年，不過「契機」稍微有點不同，剛開始只是因為時差。去國外出差後，往往在清晨就醒來了，乾脆直接起床。不過我因此發現了許多值得慶幸的好處。

首先，我發現光是把工作時間從夜間改成早上，心情就會大有不同。如果在夜間工作，很容易覺得「自己是全世界最不幸的女人」，但是，同樣的工作改在早上進行，就會感到「我的收穫比其他人多好幾倍」。以前就有這樣的說法：夜晚寫的信比較悲觀，所以先不要封緘，到了早上再重讀一次。我對此深有同感。在夜裡心會封閉，到了早上會變得開放。同樣的事情在夜間是「負面」思考，早上是「正面」思考。可說是心靈一百八十度的轉變。

光是晚上十點到凌晨四點的六小時，和早上四點到十點的六小時，雖然同樣是六小時，但是時間的品質卻完全不同。夜裡的六小時給人耗費整晚的印象，但早晨的六小時感覺只是一天的開始，給人有效運用一天的印象，這又是另一個優點。

當然，早起帶來的好處不勝枚舉，雖然「早起的鳥兒有蟲吃」的確是事實，但卻不是為了那一點好處。是因為排便變得更順暢，會變瘦。早上的皮膚保養可以從容地進行，也會更容易上妝。因為不慌不忙地打扮，就不會感到煩躁，也不會累積壓力。

而且由於早起，晚上很快就會入睡，不會在半睡半醒之間看電視，不浪費時間。疲累時直接睡著，也不會因為失眠，帶來各種煩惱。也就是不會有讓自己消極的時刻。**不讓自己變得**悲觀，是晨型生活的最大效用。

還有一點，人隨著天亮醒來，是作為地球居民最自然的生活方式。人體有跟隨地球自轉運作的「生理時鐘」，不違反地球的規律而活，對於抗衰老也有特別重要的意義，希望各位無論如何不要忘記。

rule 13

不斷追求「水」，就會越來越美！

有些人看起來肌膚水嫩，因為肌膚的「水感」，正是決定透明感的關鍵。

有些人看起來肌膚水嫩，皮膚裡彷彿有水在流動，這種「水感」，正是決定透明感的關鍵。

肌膚帶有水感的人，都很喜歡水。只要身旁沒有水，就覺得靜不下心來；如果沒有一直帶著水，就感到不安；要是一天沒有洗兩次澡，總覺得哪裡不對勁……

人體有七十％是水，人類的祖先也住在海裡，胎兒在母親的腹中也由羊水包圍著。所以追求水是人類的本能。

這種本能越明顯，人就越美。因此，要比別人加倍愛水！

rule
14

人生到了後半，女人的「髮型比臉更重要」

請注意：髮型是臉的一部分。

有些女性很美，即使到了八十幾歲，還是會讓迎面而過的人回頭張望，所以「美麗」與年齡無關，那正是每個人一生追求的目標。到了八十幾歲仍會吸引目光的女性，究竟有什麼樣的共通點呢？那就是「洗練的髮型」。

對於衣著的品味當然也是必要的，不過散發著令人回頭的魅力，毫無疑問還是因為髮型。明顯經過好好整理的髮型，自然有種獨特的氛圍。而且隨著年齡增長，頭髮對外觀的影響更明顯，可說是逐年俱增。

不論東方或西方，在古時候都以髮型的不同，明確地顯示地位的差異，就像王冠一樣，髮型的「水準」也顯示出身分有多高貴。或許是古時候留下的影響吧？費心思完成的髮型，不論是完成度或頂端的高度，彷彿轉化為品格、知性、高級感。隨著人生閱歷的累積，髮型也反映了經濟、精神上充裕的程度，也說明了這個人的格調。尤其女性的髮型，也說明了人生有多充實。所以理想中年齡增長的表現，就是記得讓自己的髮型看起來像位「高貴的女性」。

這或許是因為隨著肌膚衰老、輪廓鬆弛，頭髮所擔任的角色變得更重要，髮型的端正恰當地彌補了老化的感覺。髮頂的高度，在視覺上拉提了鬆弛的肌膚。隨著年齡增長，雖然會漸漸地不適合化妝，但不可思議的是，在髮型下工夫就像化妝一樣，會讓人看起來更美麗。

所以在人生的後半，要記得「髮型比臉更重要」，希望大家每增長一歲，要有意識地花更多時間在髮型上。就像化妝一樣打理髮型，為頭髮增添高級的感覺。如果想要一生美麗，這是絕對的祕訣。

rule
15

想擁有個人風格，先從模仿開始！

「亮麗」可以從模仿開始。
先從街上看到「運用飾品」成功的例子學習。

我曾在銀座看到一位女性，雖然已經是二十年前的事情，但是到現在仍然記得很清楚。那位女子穿著海軍藍的俐落連身裙，披著飄逸的深藍色與灰色條紋相間的長絲巾，輕快地走著。雖然打扮很簡單，卻讓人覺得「好漂亮！」而被吸引了目光。

不曉得是哪個牌子的衣服，不過那並不是當年流行的款式。搭配並不複雜，卻讓人覺得「很有型」。雖然很簡單，卻散發著魅力，讓人看到的瞬間為之著迷。我甚至想過，或許應該直接模仿她的打扮。

因此在第二天，我趕快尋找是否有類似的長絲巾，搭配我原有的深藍色連身裙。完全是抄襲人家。但是如果不先從模仿開始，我想自己不會變得「有型」。因為如果不嘗試相同的打扮，就無法駕馭洗練的穿著。

果然如我所預料，這身完全模仿的打扮，贏得無數次「好看！」的讚美。原來如此，我發現這麼一來，自己所擅長的打扮風格也增加了。從此以後，我出門時總會尋找「漂亮」的打扮。說實話，出色的打扮並不容易頻繁地遇到，但是如果會造成強烈的印象，讓視線難以轉移，我確定那絕對應該成為自己效法的對象。也因此關於那位女子的記憶，持續維持了二十年。

而且「好看！」的打扮多半很基本而簡單，幾乎都是透過「運用配件」讓自己更洗練。所謂洗練的打扮，與其說是因為服裝本身，不如說是出自配件搭配的效果，這就是我所領悟到的原則。所以到現在我走在街上時，仍在持續尋找「好漂亮！」的配件。

rule 16

指尖，決定妳是怎樣的人

手指甲帶來清爽感，腳趾甲帶來能量。
女人，會不知不覺成為和指甲油顏色相似的人。

自從每個月去一次美甲沙龍的風氣形成，嘗試美甲藝術的人急速增加。不過，隨著回歸單純塗指甲油的建議出現，高級的乳白色指甲與只有指尖塗白的法式指甲也復活了。這是相當正確的潮流。

指甲的顏色也是女人的一部分，而且會形成他人眼中的第一印象，因為手總是在自己的視線範圍之內，因此女人不知不覺間，會成為跟指甲顏色相似的女人。從手的姿勢到臉部的表情，都由當天指甲的色彩決定。譬如乳白色的指甲意謂著文靜的女性，粉紅色的指甲象徵可愛的女性，所以指甲油還是要選有品味的顏色。法式指甲會復活，是因為白色的指尖可以強調清爽感。對於女性指甲最重要的，當然是要清爽。如果指尖看起來不入流，就喪失作為女人的資格，因為身心看起來都很邋遢。

不過正因為如此，反而建議大家在腳趾的部分，也就是美趾（pedicure）時，運用華麗強烈的顏色。美趾的效果也在視線範圍內，具有自我暗示的作用，腳趾甲的顏色能帶來下定決心與採取行動、向前邁進的力量，能夠提高生存的能量。這就是美趾帶來的效果。腳趾甲不可思議地，比手指甲更能顯現出生活感，因此塗指甲油這件事本身，就是維持女性魅力的鐵則。所以不論到了幾歲，繼續美趾也會成為抗老的方法之一。

手指甲要清爽，腳趾甲要帶來能量——像這樣分開來擦指甲油，不僅高雅富有女人味，也會使人充滿力量地活著，可以打造出理想的女性。透過指甲塑造自己，是種很有效率的抗老化方法。

rule
17

腸道健康，就能擁有漂亮的肌膚與體態！

找到適合自己的優酪乳之後，人生也跟著改變。

就某種意義來說，「幸福最簡單的方法」或許就是讓腸道保持清爽。常聽說只要腸道健康，**各種事情都會順利進行**，經常保持神采奕奕，感覺年輕，散發光采的人，的確腸道很清爽。相反地，如果腸道的狀況變差，就無法好好吸收營養、排除毒素，使得身心失去平衡。令人意外的是，血液的品質也取決於腸道。當肌膚變得粗糙、容易變胖，種種煩惱都跟腸道有關。消化吸收不好，心情變得鬱悶，也會形成惡性循環。就算提出「腸道的健康是幸福的根源」這樣的假設，也並不誇張。

不過，腸道非常敏感而且變化無常。只要稍微出一點狀況，就會失調。雖然也可以藉助整腸劑的力量，但是最好能在日常中，養成以自然的方式整腸的習慣。所以，最好找出「適合自己腸胃的優酪乳」，每天早餐喝。

有人藉由喝同一種優酪乳解決了持續三十年的便秘，可說的確改變了人生。覺得不論乳酸菌飲料或發酵乳都「沒有效果」的人，只是還沒遇到適合自己的菌種。而且不只是乳酸菌種的因素，液態或固態，是不是低脂，哪家廠牌的製品，都會影響到是否適合自己的體質。腸內菌叢的平衡就是這麼微妙。

為了找到終生適用的優酪乳，就算試遍市面上的乳酸菌製品也無妨。因為這或許就像找到「真命天子」一樣，同樣是人生最重要的邂逅。對於腸道總是消化不順的人，這樣的說法一點也不誇張。

※編按：實際飲用狀況還是要根據自己的體質與醫師建議。

rule 18

想要建立端麗的形象，要特別注重脖子與下巴！

想鍛鍊脖子與下巴的線條，可以向芭蕾舞者學習。

有時在電車裡，我會發現有些人特別吸引目光，好像有聚光燈照亮似的。當然對方很美，但不只是長得好看而已，光是站姿的美感就很引人注意。不只是站姿，光是坐在座位上閱讀，也彷彿成為聚光燈的焦點。究竟是什麼原因？不用說，這樣的人背都挺得很直。不過，並不是姿勢端正的人全都具有這樣的吸引力。我總覺得一定有其他的理由。

當我看到課程結束、踏上歸途的芭蕾舞者們，終於找到答案。當然她們的姿勢很美，但是更引人注意的，是這些人的**脖子與下巴**的美感。不論從前面或是從側面看，不僅下巴的線條很優美，而且脖子又細又長。不禁讓我想起，女演員的條件之一，就是「下巴」不能比手背還大。如果下巴變得很厚重，就失去了當女演員的資格。

如果想塑造吸引目光、態度凜然的美女印象，首先要塑造美麗的脖子與下巴，形成柔和清晰的線條。於是，女性特質與品格、與生俱來的純淨、堅毅的生活方式等，可說全都會從中表現出來。芭蕾舞者或許會很自然地鍛鍊脖子與下巴，但據說光是邋遢地活著，就跟姿勢不良一樣，下巴也會鬆弛。

妳也想讓下顎的線條變得更美吧。那麼就養成習慣，不論在何時何地，只要一想起來，就用兩手姆指從下巴的正中央往耳垂按摩。這是為了讓脖子與下巴呈現芭蕾舞者般的曲線。

rule 19

五感療癒，讓自己更美麗！

讓鼻、眼、耳同時發揮功用，就是真正的「療癒」。

「療癒」真的會讓人變漂亮嗎？如果這麼問，答案當然是肯定的。但是我覺得許多人並不知道如何療癒自己。譬如只是聞「芳香的氣味」就想達到效果，根本不可能。就算讓五感中的嗅覺發揮效用，但還沒有到真正療癒的程度。

所以，請閉上眼睛。最重要的是集中注意力。對於會刺激五感的事物，最好儘可能專心體會，所以要先閉上眼睛。然後用手掌包覆臉頰。藉由蒙蔽視覺可以讓嗅覺更清晰，用手掌摀著臉頰可讓觸覺發揮作用。也就是說，在五感中讓多種感官同時發揮作用，是療癒的必要條件。

換句話說，有香味的蠟燭因為會同時運用到嗅覺與視覺，所以讓人得到療癒。這時如果再加上令人放鬆的音樂、吹拂肌膚的風，效果會增加好幾倍。最具療癒效果的關鍵，在於香氣與搖晃的火燄，還有音樂與風存在的「1／f波動」。在安定與不安定之間的波動，能夠緩解壓力，帶來幸福感。

如果想利用這個原理與美產生關聯，建議每天保養皮膚。藉著使用香味高雅、觸感佳的化妝品，聽悅耳的音樂達到效果。如果真的同時運用到五感，可以獲得大幅「1／f波動」的效果。這時請準備療癒系的音樂，一般的環境音樂當然也可以，比心臟跳動或走路速度節奏慢，令人聯想到南方島嶼風格的曲子也很有效果。只要能讓自己悠閒地渡過這段時間，仔細地美容保養，就能變漂亮。在保養時同時運用到兩、三種感官，用心讓自己獲得療癒，看起來一定會更美麗。

rule

20

為尋常的生活，預定不尋常的計畫

為「下次的旅行」作準備。
透過「非日常」，可以讓「日常」活化，達到抗老的效果。

旅行的喜悅有一半來自出發前的準備。甚至在某些情形下，「旅行前」比「旅行時」還更愉快，旅行的準備能帶來從其他事物無法體驗的幸福感。

有對六十幾歲的夫婦，每年展開兩次長期海外旅行，在一趟旅行剛結束後，很快就開始仔細研究下次要去的國家，可說一整年都很忙。當然，準備得越充裕，旅途就越充實，但是連出發前的時間也過得充實，才是「正確的旅行方式」。

據說人類好奇心的強烈程度，與在地球上移動的距離成正比。跑得越遠，想知道的事情又有所不同。所以「準備」的資訊也會更多，旅行本身也會變得更豐富。但是希望大家知道，光是在實際旅行之前預定旅行計畫，就能讓日常生活變得充實。

如果在幾週前就計畫長程旅行，幾天前就預定小旅行，家庭主婦就不會感嘆「每天都重覆做同樣的家事」，上班族女性也不會驀然感到空虛「每天只是往返於公司跟家中」。先預定「不同尋常」的計畫，也會讓日常生活更有活力。原本覺得無聊，也變得不無聊了。所以人生如果有些餘裕，希望各位總是在計畫旅行，經常在籌備著什麼，這也是為了讓看似平凡無奇的每一天，增添一點活力。

rule 21

好好正視自己的臉，比什麼都重要

定期看著五年前自己的照片吧！

當久未見面的人說「你真的沒什麼變呢」，比起不太高明地誇「好年輕」，這種說法更令人感到開心。因為「好像變了」其實也就是老化的感覺，令人感到遺憾。

其實光是皺紋增加，不至於改變人的印象。問題是輪廓隨著衰老而改變。肌肉的移動會改變輪廓，無法單純以「肌膚鬆弛」解釋，而且會帶來「那個人老了耶」的強烈印象。如果不是好的表現，只會留下「變老變醜的印象」。

那麼，為了不讓輪廓鬆弛，我們究竟能做些什麼？說出來或許會讓人笑，心想：就這樣嗎？那就是常看自己以前的照片！我們最好準備「五年前的照片」，定期回顧。雖然我們每天都會從鏡中觀察自己的臉，但是為了將昨天的樣子維持到明天，會形成自然的拉提作用。聽說以前在修道院等缺乏鏡子的環境，過了三個月容貌就會產生變化。這就是自然拉提效果沒有發生作用的證據。所以好好正視自己的臉，比什麼都重要。

不過為什麼要五年前的照片？有一種說法是「人每隔三年老化一次」。這也意謂著人的臉在兩年之內乍看沒有什麼改變，但是到了第三年會明顯產生變化。所以，以「三年一期」或「五年一期」就有明顯的抗老化效果。為了使臉部輪廓在五年內不走樣，所以要常看五年前的照片。建議大家準備好五年前拍得最好的照片，以五年後受到「你真的沒什麼改變呢」的誇獎為目標吧。

rule 22

更顯精神充沛、容光煥發的祕訣！

以心臟朝向對方，並直視著對方的眼睛。

年輕或「朝氣蓬勃的印象」，並不是靠肌膚或五官塑造。更重要的是面對對方時，散發出什麼樣的氣質？換句話說，所謂「年輕」，並不只是在自家鏡子前打扮的樣子，其實更偏向於自己在對方面前，呈現出什麼樣貌。

人會喜歡對自己有好感的人。如果希望別人喜歡自己，首先應該自己試著去喜歡對方。就跟給人的印象一樣，面對談話的對象，要竭盡心思應對。這就是散發著彷彿光芒般「耀眼的生命力」的關鍵。

所謂竭盡心思應對，就像把心臟朝著對方一樣。人除了感受到激烈的心跳時以外，很少會意識到自己「心臟」的存在。我想應該也沒有想過心臟朝著什麼方向。不過在這裡，我希望大家儘可能試著意識心臟的存在，朝向對方。

而且，最好直視對方的眼睛。藉由直接注視，視線會看得更透徹，說不定甚至會直達對方的靈魂。這麼一來你生命的光采也會傳遞給對方。這就是讓人覺得充滿活力的關鍵，而且不可思議地顯得年輕、容光煥發。總之竭盡心思應對，也會吸引對方。

如此這般，所謂魅力這種引力，總是從自己向對方的注意力中產生。

rule 23

把純淨的物品當作生活必需品

手帕只選白色的，可以讓女性顯得更純淨。

成年後仍帶著手帕，具有特別的意義。攜帶著綴有纖細蕾絲的純白手帕時，感覺身心彷彿都受到洗滌。因為光是想到自己擁有的東西，就能立刻讓自己淨化。這時我深切注意到，美麗的手帕所具有的力量多麼令人意外。手帕除了是生活必需品，對於女人而言，就像「展現在外的內衣」一樣。所以，這種靜謐的白所蘊含的高貴，也會提升自己。雖然只是一枚手帕，卻具有這樣的力量，相當不可思議。

不過，如果把綴有纖細蕾絲的純白手帕當成寶物一樣收起來，不當成手帕擦拭，只偶而放在膝蓋上，就無法發揮這樣的淨化作用。我發現就是要將純淨的白色手帕當成生活必需品，自然而然地使用，才能淨化身心。

這麼說來，只帶白色手帕的人不在少數。不可思議的是，除了使用白色手帕會成為習慣，每天在包包裡放著質感很好的白色手帕，還會使人保持背部挺直、姿態端正。像床單或毛巾等，生活中使用的織品全部採用白色的人也不少，這可說是發揮了同樣精神的堅持。白色只要一髒或起皺就很顯眼，比較麻煩，相對地也會讓生活更自律。生活中的白正是這樣形成約束。

白色同時也會淨化生活，在一天之中的各種瞬間，撫慰人心。也因此飯店採用百分之百的白色。而我們至少可以用白色的手帕。有圖案有顏色的手帕，多少會讓女性變得依賴鬆懈。手帕對女性來說，大概就像自己一樣吧。所以只用白手帕，會讓人變年輕，變得純潔。這也是一種抗老。

rule 24

盡情地哭，也沒關係

眼淚也有好壞之分。
好的眼淚有淨化的效果，能化為力量。

自從二〇一一年的大地震「那一天」之後，日本各地一定有人每天都在哭泣吧。當然受災地不用說，有些地域，人們雖然可以跟過去一樣生存下去，卻無法恢復以往的平靜生活，持續接收到災區的報導，因而流淚。

眼淚裡含有叫作「皮質醇」的壓力荷爾蒙。這種皮質醇會使免疫力低下，心跳次數、血壓上升，有時還會讓荷爾蒙失調，有各種各樣的負面影響。眼淚會將這種壓力物質排出體外。據說心靈越健康的人越愛哭，或許是這個原因？所以，悲傷的時候不可以壓抑眼淚。其實更應該哭到眼淚枯竭為止。

而且眼淚有兩種，會發揮作用的只有發自感情而流下的眼淚。如果是為了保護眼睛而流出的生理的眼淚，不會有排出壓力物質的效果。正因為眼淚多少可以淨化悲傷與痛苦，可說是神賜給人類的液體。

不過嚴格說起來，感情的眼淚也有分兩種。譬如像懊悔的眼淚、帶有攻擊性與怨念的淚水，流到臉頰時是冰冷的；追憶起某人、為善意而感動，或是對他人的痛苦感同深受時，淚水是溫暖的。正因為眼淚流在臉頰時有溫度，證明其具有沉澱淨化心靈的力量。流下帶有溫度的眼淚，會同時洗滌人的身心，並產生重新振作的能量。

所以為了大家好，請盡情地哭吧，直到心情恢復平靜為止。

rule 25

寫字，能讓紊亂的心平靜

糾結的情感，寫出來就可以化解，重整內心秩序。

在過去的時代，「手帳的厚度」象徵著使用者人生的廣度與深度。當時，將預定的行程與資訊寫得滿滿，意謂著自己過得很豐富。不過現在，部分的人則會記錄在智慧型手機裡。為了新的一年，準備全新的手帳時「內心的期待與奮」，或是讓人抬頭挺胸、精神為之一振的清爽感，是其他事物所無法替代的，所以還是要買手帳。如果留心的話，「書寫文字」的頻率已明顯減少，想養成寫字的習慣，更應該要使用手帳。

最近人們越來越想「寫漂亮的好字」，因為發現以「書寫」取代「打字」，能讓精神安定。而且不可思議地，人在寫手帳時會認真地寫出「工整的字」。在小小的面積裡將字填入所帶來的微小快感，或許就像「抄寫佛經」一樣，自然會讓精神集中，很快就能讓混亂的心平靜下來吧。

就算只是把行程整理得很清爽也可以，如果像寫日記一樣記錄心情，內心會更平靜。在社群網站上打的字句是給別人看的，但是手帳不會輕易給別人看，就像是寫給自己的訊息。譬如今天看電影的感想、對於老公發脾氣感到不滿也好。寫下來後思緒會更清楚，心情變得平靜，壓力也會減輕。以後重讀，不滿自然已經消除。內心變得更為清爽，最後甚至只要把手帳放在身邊，就會覺得安心。而且等到大約一年後再翻看，還會產生讓自己感到訝異的發現。

因為書寫文字這件事本身，只有人類才會，極其知性而崇高，屬於非常精神性的行為。

感情的記憶會隨著每天的睡眠重新經過整理。所以不論是感動、悲傷，到了下一個瞬間就會轉淡。如果以簡短的話整理記錄下來，文字就有了生命。在書寫時內心獲得平靜，之後，當時的記錄就像經過熟成一樣，會讓心靈變得更豐富。雖然不是要給別人看，卻能使自己漸漸獲得提升。希望各位先準備好一本手帳，可以每天毫不勉強地要求自己。

反過來說，就算是無論如何都無法消除的心結，化為語言寫在紙上後，確實會不可思議地變得薄弱。不論是反省或悔恨的文字，寫在紙上後，都會徹底進入內心。正因為是負面感情，所以會化為血肉。寫給自己的備忘錄可以使人更完美。

所以請再試著寫「短文日記」吧，開始寫給自己的備忘錄。並不是為了回顧過去的自己，而是為了提升未來的自己。

rule 26

人生沒有所謂的幸運

對待任何大小事皆須努力。

成功的人，願望實現的人，開朗而且幸福的人，這些人的共通點只有一個，那就是「非常努力」。

究竟怎樣才算是「非常努力」，標準雖然並不明確，總之，不論對什麼樣的事情，在完成之前絕不放棄，這就是所謂的「非常努力」。

從每天瑣碎的家事雜事到人生的重大挑戰，不論是打扮或戀愛，當然還包括工作，不論事情的貴賤，對什麼都非常努力。最後只有這樣的人才會獲勝。我深切地感受到，人生沒有所謂的幸運。這雖然是再簡單不過的道理，還是希望各位牢記在心。

rule 27

忙碌的女性如何對抗老化？

「從容地行動」，生活方式也會改變。

跟五十年前相比，改變最大的應該是女性在生活中的速度感吧。女性變得很忙碌，過去根本無法相比。想做的事情非常多，女性又什麼都不能放棄，結果就是經常感到慌亂，總覺得焦慮。生活變得很繁瑣，行動變得急促。東西散放各處，總是在找東西。說話變得簡略也是因為忙碌而造成的吧。不知從什麼時候開始，女性開始熱切地尋求「療癒」，這也是為了讓總是處於慌亂的自己沉著下來吧。

因此我想特別聲明，成熟女性變漂亮的祕訣，就是「**不疾不徐**」。從容地行動，從容地說話。不論做家事或打扮、保養肌膚，都可以放慢速度細膩地進行。

有人可能會說：「可是我根本沒有時間慢慢來，怎麼辦？」其實做事有要領，有輕重緩急的差別。如果從容地進行，大部分的事情都會順利進行，於是提早完成。慢慢來會讓心情沉靜，能看出原本看不到的東西，精神狀態平衡，身心也會獲得淨化。在酷熱的夏天更是如此，保持心靜自然會感到涼爽吧。

總之現代每個人都過於忙碌，太容易急躁。請各位不要勉強，不要慌張，不要逼迫自己，重新思考適合自己的生活方式。因為人無法以比自己脈搏更快的節奏要求自己。走路時應該要以跟呼吸相同的速度前進。

要從容地行動、從容地生活，因為其結果跟抗老密不可分。

rule
28

避免成為拒絕聆聽、過於獨斷的人

常說否定句、態度獨斷、聽不進別人的話，就是說話習慣的三大老化狀態。

過了三十五歲以後，我跟工作夥伴說話時，有時會忽然陷入沉默。因為我發現自己沒在聽別人的話，只是單方面地陳述自己的意見。同時，也忽然察覺到自己精神上的老化。

出社會經過十年二十年，新進的同事持續增加，自己也自然而然成為前輩或上司。同時在不知不覺間，頭腦與心都變得僵硬，因此常常變得獨斷，而且在職涯中增長了許多知識的皮毛，無意間對後輩擺出「自以為是」的表情。

很明顯這就是「老化現象」。由於對自己的想法有著毫無根據的自信，所以變得聽不進別人的話。「對自己要有自信」的提議雖然有助於抗老，但是如果對自信的定義產生誤解，恐怕反而會老得更快吧。簡單說，拒絕聆聽、過於獨斷的女性，光是這樣看起來就顯老。

原本所謂溝通最大的禁忌，就是「經常出現否定句」，如果沒有察覺到自己說出許多否定的意思，這本身也是一種老化的現象。如果經常表現獨斷，一定會對他人所說的話一一否定，而且認為這樣才是對的，因為深信自己代表真理，所以對於自己頻頻表示否定缺乏自覺。

意識到這些以後，我先找出值得肯定的部分給予肯定，再悄悄地加上否定意見。而且留意要先聆聽完對方說的話，才開始發言，這當然會有抗老化的效果。希望大家能領悟到「跟過於自信相比，**懂得自我懷疑**」也有助於保持年輕。

rule 29

無形卻可見的老化症狀

即使沒有皺紋跟鬆弛的狀態，
為何還是可能被稱作「歐巴桑」？

即使年齡相仿，不知不覺間，有些人不管在哪裡都會被叫作歐巴桑，但也有些人不論去哪，都不會有人這樣說。這些沒被叫過歐巴桑的人，應該一輩子都不會被這樣稱呼吧。當然也有人自稱為「大嬸」，當成帶有親切感的綽號，倒也不是件壞事。除了自己選擇的「大嬸」角色例外，最應該避免的就是：明明不覺得自己是歐巴桑，暗地裡卻被人這樣稱呼。所以請試著思考看看，其中的差別究竟是什麼。

首先，其中的分水嶺跟肌膚、五官、體型無關。主要取決於人所散發出來的兩種印象，一種是厚臉皮的程度，另一種是是否清爽俐落。

譬如「在特賣會推擠別人的類型」，正是在不知不覺間塑造出歐巴桑的形象，如果化妝或髮型、衣著不清爽，光是這樣就足以散發出歐巴桑的氣息。雖然歐巴桑沒有特定的類型，但是這一切都看在別人眼中。這比皺紋或肌膚鬆弛更顯老態，希望各位先瞭解這點。

日本女性特別執著於「可愛」的理由，可以說是不想被叫作歐巴桑的方法。的確，為了提醒自己不要變得「不知羞恥」，保持「討人喜歡」可說是必要的。原本在日語中，明明不是伯母（叔母），卻有「歐巴桑」這個詞彙，是要提醒自己千萬不可以落入這個形象。就像在法國只要人們稱為「夫人」（madame），自然就會變得優雅。

無論如何，保持意識、以拒絕被稱為「歐巴桑」而活，其實是非常明確的抗老化方式。

rule 30

幸福是從「下半身」降臨！

氣質、姿色，都是從這裡展現。

「不太走路的人」跟「很少吃蔬菜的人」類似，活著多少帶著些隱憂。走路這件事，是人類為了健全地活著，「最低限度」的必要活動，等於「鍛鍊生命」，所以如果很少走路，身為人的自信就會迅速降低。在旅途中，光是走在石磚道一段時間，足部韌帶就感到疼痛，對自己喪失自信，經過這樣的體驗，我察覺到其中的關聯。

不過我還是一如往常沒時間走路，總是以車代步。所以我想起「累積『一分鐘單腳獨立』等於走一個小時」的說法，於是趕快在每天早上刷牙時，開始單腳站立。我覺得光只是站著很無聊，於是在單腳站立的同時，加上慢慢地伸屈。從一分鐘到兩分鐘、三分鐘，光是刷一次牙，下半身的血液循環就變得很好，感覺終於重獲生存的自信。下半身具有這樣的重要性。

這麼說來，在學習茶道時為了表現「侘寂」（Wabi-sabi）的高雅，需要強韌的腿與腰，所以大家都被教導要多走路；同時在穿和服時，想要表現優美的站姿，關鍵也在於下半身。另一方面，時尚的打扮也需要某種「運動神經」，這也需要強健的腿與腰。像穿著超過十公分高的高跟鞋，如果沒有強健的腿力，走起來就不夠優美，看起來一點也不優雅。在這個時代如果要打扮的話，下半身尤其重要。

本來不管想做什麼、想去哪裡、要去見誰，活著產生的想法與願望，可說都是從下半身的肌力孕育而生。也就是說積極的態度，是從下半身降臨。所以「召喚幸福的單腳站立」很難得地持續至今，這仍是我每天的功課。

rule 31

不忽略日常禮儀的人越顯美麗

「早安」、「謝謝」還有「是」，說這些看似理所當然的話，可以改變人生。

想要迅速修復瀕臨破裂的夫妻關係，其實只要先生在日常生活中，記得自然而然地說聲「謝謝」，就能化解凍結的關係。實際的例子很多，譬如太太幫忙盛好飯的時候、替先生拿東西的時候，多說一聲「謝謝」。這些看似理所當然的話，說或不說，命運將會隨之改變。

但是這麼做不只是融化對方的心。想讓自己僵化的心瞬間融化，態度變得正面，就要「確實地說出」這些理所當然的話。特別是打招呼說「早安」，就很有效。原本鬱悶的一天，如果以開朗的聲音清楚地說「早安」，沉睡的細胞彷彿一起醒過來，身體中的活力也覺醒，湧現了「氣」。擺脫心中的負擔，讓當天以純淨的心情，充滿精神地展開。當然越開朗清楚地說出口，「效果」越好，並會持續一整天。這是因為在一天之中，將自己狀況的開關切換到了「更好的自己」。同時，對方聽到「早安」後，彼此的關係當然會順利地進行。

各位發現了嗎？當別人叫自己的名字，拜託什麼事情的時候，如果不經等待，在下一瞬間清楚地說「是！」就可以琢磨自己的靈魂。如果經常開朗明亮地說「是！」，別人對自己的好感當然會提高，自己的身心也會漸漸獲得淨化，於是逐漸變漂亮。不忽略日常禮儀的人越顯美麗，而且不老。我想這麼說也不為過。

rule

32

略微不安定的狀態會增添女人味

繼續穿高跟鞋與牛仔褲，這是恢復年輕最自然的方法。

我的母親已經八十幾歲，外出時仍經常穿著高跟鞋。她搶在周遭的人說「如果跌倒會很危險」之前，先準備好一套說詞：「鞋跟稍微有點高度，反而比較穩喔」。雖然比較穩是事實，不過更重要的是：繼續穿著高跟鞋，對母親而言是無可取代的抗老方法，我一直這麼認為。

道理很簡單，穿著高跟鞋時背會伸直，抬頭挺胸，臀部看起來也會上提，光是這樣看起來就年輕好幾歲。還有一種說法：穿上高跟鞋之後，腳的形狀會促進女性荷爾蒙分泌。女性以本能感覺到，腳踝上提，略微不安定的狀態會增添女人味。

我自己總覺得，鞋跟如果低於三公分，感覺好像就老了好幾歲，所以穿著高跟的鞋子。也因為只要放棄了，以後恐怕就難以適應，譬如泳裝只要一年沒穿，就變得不合身，最後也真的穿不下了。上了年紀就是這麼回事。想讓自己維持「真女人」的樣子，無論如何不能放棄高跟鞋，一定要持續穿下去。

牛仔褲也一樣，只要一陣子沒穿就會令人退縮，變得穿不下，所以這類單品要持續經常穿。原本牛仔褲就是誰都可以穿，不拘年齡的衣著。不過正因為沒什麼條件限制，所以反而更突顯年齡，甚至強調出肉體的老化，可說是無情的衣服。所以對於疲累的人來說，絕對不適合。

而且令人意外的是，穿搭牛仔褲還需要自覺，如果心態不年輕恐怕穿不來。正因為如此，只要認真地持續穿牛仔褲，就能達到抗老的效果。

不用說，男性也一樣。適合牛仔褲的老人明顯比較年輕。似乎人生比較充實，甚至可說是幸福。我想以此為目標，持續穿下去。

隨著年紀增長，從此應該要告別的東西的確很多，但是希望各位也不要忘記，不該捨棄的重要物品就在身邊。以自然的形態保持年輕，享受人生，就是最洗練的重返青春。

rule 33

責怪他人是無法進步的

願意檢討自己，心情也會變得清爽。

有的人明明很認真過日子、也很努力，人生卻不順遂，這樣的人有明顯的共通點，那就是只要遇到不順利的事，全都是「別人的錯」，有許多藉口。

怪別人一時可以讓情緒平復，但是卻不會進步，重複著同樣的失敗。如果不這樣想，不論遇到什麼事，願意檢討是不是自己哪裡不夠好？探究屬於自己的原因，這麼一來，心情就會變得很清爽，身心都受到淨化，繼續向前邁進。

以對人生的影響來看，最後造成的差距相當驚人。

rule 34

美麗又專注於獨特興趣的人，不會變老

為自己的興趣，付出熱情吧！

「御宅族」給人的印象原本不太美麗，《廣辭苑》[1]的定義是「只對特定領域感興趣，缺乏社會常識的人」。但是放眼世界，現在耀眼而引人注目的女性，都有點像御宅族，對某個領域特別著迷，但又不欠缺社會常識。更應該說，具備常識而且保持各方面平衡，對特定領域投注熱情的女性，正在急速增加。

譬如興趣包括寶塚、人偶、韓流，甚至歌舞伎或相撲……跨越各種領域，但是並不會「盲從」，所以被稱為御宅族。在工作方面越是累積知識與經歷的人，越容易達到這種境界。從以前就有一種說法：「在工作上成功的人，也會開始自己唱歌跳舞，最後一定會開始自我表現」，其實對別人熱情地表示支

①日本知名的日文國語辭典之一。

持，也是一種自我表現的方式。因為這些成熟女性不只是粉絲，她們開始抱持著無論如何一定要支持他人的使命感，因而身心都感到充實，最後充滿幸福感。這正是心靈的餘裕與生命力增加的表現。

即使是興趣，最重要的還是「認真」。隨著注意力集中，自然就會產生這是「自身使命」的意識，於是獲得比單純的興趣更充實的感受。累積了人生歷練的大人們都是如此。所謂「熱情」這種能量，現今正在女性之間醞釀成熟，昇華為自己享受人生的才能。

所以美麗又專注於獨特興趣的人，不會變老。甚至會比年輕時更青春。仔細想想，成為御宅族這件事本身，就是具有文化的一種證明。由於對美的意識比一般人高，所以美麗不會減損。具備社會常識的御宅族增加，這件事也代表了女性的進化。

rule **35**

變胖即是變老

「不顯老態的人，都沒有發福」。這是成熟女性不變的法則。

在同學會上，最令「女生」們感到訝異、震驚的，恐怕是過去苗條的男同學發福，看起來比以前增胖了五倍吧。不，光是變胖也還好，問題是年紀增長而變胖。不但看不出過去的樣子，簡直就像另一個人。「徹底發福」與「上了年紀」組合起來不只是「加法」，簡直就是「乘法」，跟其他同學相比看起來足足老了二十歲，所以隨著年紀增長不可以變胖。

反過來說，明明才四十幾歲，看起來卻像六十幾歲的人，如果瘦了二十公斤，看起來也會變年輕，改變的程度令人訝異。所以「變胖即是變老」是毫無爭議的事實。

不過換作是女性，狀況又稍微不一樣。與其說是「因為變胖所以看起來老態」，更像是「因為努力不想變老，所以沒有變胖」，我想這或許是正確的法則吧。

因為變胖所以看起來老了十歲，在事態演變到這種程度之前，女性通常會儘可能設法避免。如果多少有留心抗衰老的話，在變胖大約兩公斤時，就會稍微做點體操，注意飲食，想控制避免發胖的方法有很多種。所以反過來說也可以：不顯老態的女性都不胖。

不需要太過誇張的美容。光是每天對自己稍微花點心思，女性就不會變老也不會發胖。看著鏡中的自己，今天的我沒問題吧？看起來是不是一臉疲累的樣子？光是這樣自問，女性就不會變老或變胖。這就是終極的抗老。

rule 36

眼睛透露的訊息不比嘴巴少

凝視對方長達三秒鐘，你的存在感會增加兩倍。

跟他人面對面談話時，先看著對方眼睛最長五秒鐘以上，在下一個瞬間將目光轉移開來，然後再看著對方的眼睛兩秒左右……一定是反覆著這樣的過程。如果看著對方過久，或是把視線移開的時間太長，感覺好像會殘留些違和感，因為看別人的方式有點奇怪。

接下來我想說的是：如果反過來，利用「這種違和感」會如何呢？譬如通常看對方的時間不會超過五秒，那麼藉著接下來三秒仍不轉移視線，一定會為自己塑造出令人難忘的印象。

當然違和感本身也有風險，如果時間的長度正好與讓對方產生「好感」形成關聯，那麼就成功了。雖然這麼做說不定會讓異性誤會，不過這二、三秒確實是自我表現。就算產生誤解也沒有罪。不過，人會喜歡對自己抱持善意的人。就上述這種意義而言，或許可以作為提升同性對自己的好感的技巧。

換句話說，光是離「剛剛好的時間」提早二、三秒將視線轉移，就會讓對方產生「這個人是不是討厭我」或是「我的話很無聊吧」的負面情感，必然也會讓別人對自己的好感降低。只要二到三秒，自己的印象就會徹底產生差異。所謂「眼睛透露的訊息並不比嘴巴少」，或許正是在說明這種情形。只要短短數秒，就能傳達出能跟許多話匹敵的想法，如果想讓對方感到愉快，並且喜歡自己，可以藉由注視達成。希望大家再次正視眼睛的力量。只要藉著三秒鐘的凝視，自己的存在感會增加兩倍，這就是視線的威力。

rule 37 保持「有條理」，立刻年輕十歲！

注意要保持合宜的表情。

現在有許多人「感覺上的年齡」只有實際年齡的七成。四十歲以二十八歲的心情生活，五十歲以三十五歲的心情過日子。不，應該說實際年齡與心情的落差變得越來越明顯。但是，如果對照「外觀的年齡」，的確還是有些不搭。硬要裝年輕只會達到反效果。

但是換個角度想，抗老原來也可以非常簡單，甚至到了令人吃驚的地步。大家可能覺得透過美容，達到看起來年輕十歲的效果要下很多工夫，但實際上並非如此，其實也有辦法在二、三秒內一瞬間變得年輕。那就是很單純地保持「有條理」。

什麼是有條理？就是保持整潔而不混亂，各位可以試著保持這種意識。從選擇的衣服，穿法、站姿、走路方式、坐姿以及各種姿勢，到口紅與睫毛膏的塗法。以體態表現的「有條理」，或許是無限的，從用字遣詞到鞠躬的方式，以這些細節為開端，可說有無止境的「條理」存在。當然這並不是一切，不過只要自己記得儘量保持「有條理」，立刻就會變年輕。一下子看起來就會年輕十歲。

反過來說，要看起來老也很簡單，因為成年人只要「凌亂」，一下子就老了十歲。

每天都要保持「有條理」的樣子出門。譬如絲襪要仔細地穿好，襯衫的衣擺要好好收進褲子裡，把亂掉的頭髮梳理好，留意這些小地方。最重要的是臉部的表情。注意要保持合宜的表情。希望各位開始留意「有條理」的抗老。

rule

38

別讓煩惱累積在心底

不要將煩惱悶在心底，努力思考，然後拋到腦後。

每個人都有沮喪的時候。不過如果到天黑時仍不想開燈，只顧著煩惱，就會演變成加速老化的沉重壓力。只要渡過失眠的一晚，壓力就會使人衰老。所以煩惱要盡快消除，絕對不要拖到第二天、第三天。

但是煩惱越多的人，心中越容易積壓煩惱。也就是說，這類人不擅長排遣憂慮。由於煩惱持續停留在心中，只要一有時間就想起問題，又煩憂起來。到了晚上也很容易感到憂愁。但是只是一直為愁緒所困，所以煩惱並沒有解除，甚至還會將其他的小問題捲入，形成更複雜的問題。所以絕對不能讓煩惱累積在心底。

那麼究竟應該要如何？不要煩惱，而要好好「思考」。這麼一來，煩惱就不會積壓在心中，而是向上提升到頭腦。不可思議的是，煩惱移到腦部之後，就會想著究竟要如何解決？所以接下來今後自己應該要做什麼？該怎麼考量？問題自然迎刃而解。這時，不論什麼樣的煩惱都在一瞬間排出體外，從頭頂消失。

各位或許會說，怎麼可能會有這種事情？不過這是心理治療師教導，非常專門的技巧。由於煩惱在心底，因此想不出方法。所以要試著儘量向上。請大家想像著煩惱在意識中提升的自我形象，還有從頭頂消散的意象。

那麼，腦海中究竟該想什麼？譬如「只要每天都紮紮實實地努力，一定可以挽回失敗」這類理當如此的正面思考。

rule **39**

女人「每隔七年」就會變老？

像「不倒翁」一樣，正是抗老的要訣。

最近蔚為話題的是「七損八益」，即是女人每隔七年、男人每隔八年就會變老的說法。這是以陰陽為基礎，東方醫學的思考方式。譬如女生在七歲時恆齒長齊，男生則是八歲，小時候女孩子成長比較快，後來女性也稍微老得比較快，據說女性「開始衰老」的時期是三十五歲，男性是四十歲。所以女性必須對抗驟然來臨的衰老。

不過也因為如此，外觀的年輕程度卻是男女相反。其中的原動力正是美容所帶來的「回復力」。

人不會只是一直走下坡。人還具有重返年輕的「逆轉力」，並不像「彷彿從坡上滾落般迅速衰老」的形容。四十五歲以後的日子跌跌撞撞地來臨，如果在這時候努力保養，就能夠恢復。人的身體可不能放棄，所以最好反覆著時好時壞，有時進步有時退步的過程，慢慢地老化最理想。所謂美容，也就是每天照鏡子，如果比昨天顯得衰老，為了復原就用手輕輕拍打，無非是這樣反覆的過程。所謂「七跌八起」，一再跌倒依然再站起，這就是三十五歲之後的美容。

女性每七年面臨一次生理變化，二十八歲開始初期的老化，到了三十五歲看得出老化，四十二歲開始正式衰老，四十九歲是更年期……而這些只不過是「年曆」上的循環，為了將這七年的週期延長到十年、十二年，所以要保養肌膚。

而且在察覺到衰老的時候，比較能大幅回復。如果鬆弛就拉提，老化就恢復它。不過要在想恢復的時刻，就儘可能讓其達成效果。正因為違抗年齡，所以如果要逆齡就一定要收到相當的效果，這是最重要的。這麼一來真的會發生不可思議的效果。如果成效顯著，甚至可能變得比以前還年輕。所以在一天之內恢復，人就不會變老。

像「不倒翁」一樣，正是抗老的要訣。

rule 40

年齡雖漸長，但絕不可或缺的東西

用頭腦思考，發現美麗的關鍵。

想在年紀漸長後依然保持美麗，最重要的是用什麼交換了「青春」？我認為這是絕對不可出錯的事情。如果失去的青春就這樣耗去，一定會失敗。

就算外表年輕，卻顯不出美。看起來並不美麗。也就是說，相對於失去的青春，絕對不可或缺的尤其是「知性」！年齡越是成熟，美容的資訊就越是無效。更應該用頭腦思考，發現美麗的關鍵。所以「覺察」很重要。如果具備知性，看起來自然也帶有知性美。

只要達到這個程度，一生都是美人。

rule 41

如果覺得日常生活黯淡無光

試著離開沙發，活動一下。讓身體補充新鮮空氣。

每天往返家與職場，或是每天重複做著同樣的事情，這樣的模式本身就會形成壓力。在日常生活中，每個人都有感到黯淡的時刻。這並不是「無聊」或「厭世」，其實更意味著自己生存空間的賞味期限到了。因為房間與裡面的空氣就像是有生命一樣。

有些人會反覆定期搬家，據說理由是「在一定期間內住在同樣的房子裡，不知不覺就感到苦悶」。因為不論怎麼打掃，總有清不乾淨的死角，為了尋求新鮮感所以要搬遷。確實總是有大掃除也無法清除的東西。所以在人的生活中，「替換佈置」是必要的。

不必想得太規模龐大也沒關係，在替換窗簾、地毯之前，其實可以先從改變傢俱的位置開始著手。所謂改變氣氛就是這麼回事。不可思議的是，其實就算稍微改變傢俱的位置，日子也會變得更新鮮，感覺連生活方式也會改變。

原本沙發就是作為日常生活基本的空間，就像鳥兒的棲木，如果想做些事，人們會一個個聚集在這裡。所以光是改變位置，所有的動線都會跟著改變，連呼吸的空氣也改變了。即使不夠協調，也是一種趣味。即使在空間上沒有可移動的地方也不要放棄。思考著可能的方法，就是關心自己的日常生活。光是這樣就會讓新的空氣注入體內。

歐美人對於自己替換壁紙、改變佈置並不嫌麻煩，因為這跟讓自己的細胞再生有關。所以擅長替換佈置的人，一定比其他人更年輕。

rule 42

令人忍不住想多看幾眼的人

不要將背靠在椅背上。如果覺得坐直比較輕鬆，就會年輕十歲。

有些人姿勢特別端正，令人忍不住想多看幾眼。看到這樣的人，就會心想「不可以，不可以」而改正自己的不良姿勢，但是三十秒之後，又故態復萌。明知道將背挺直的好處不勝枚舉，但是不管怎麼想，一留神就發現自己又彎腰駝背了。就像「自然捲」的頭髮不論怎麼梳理都會恢復原狀，身體的慣性也很強韌，如果不下定決心改變，習慣很難糾正。希望各位將這點謹記在心，並試著這麼做：所謂「姿勢端正，令人忍不住想多看幾眼的人」，其實在坐著時最吸引目光。這樣的人，**不會將背靠在椅背上**。不論是寬敞的沙發，還是像餐桌椅這類的傢俱，總之絕對看不到這些人攤在椅背上的身影。對姿勢不在意的人可以暫時維持這種坐姿，但是漸漸地就會覺得困難。不過姿勢優美的人，好像覺得這樣坐才自在。所以如果真心想要改正姿勢，祕訣就是思考坐姿「該怎麼坐」。

一開始只需要努力不去依賴椅背，這麼一來首先膝蓋併攏，兩腳伸直著地。於是接下來身體自然會察覺，這是最好的姿勢。接著發現，這樣的坐法是最輕鬆的。

坐姿端正的人，比實際年齡看起來年輕十歲到十五歲。身體會驚人地變得修長美麗。這一定是不依靠椅背的效果。

rule 43

提升自我形象的祕訣

清楚地叫出對方的名字。
光是這樣，就會不可思議地突顯出「自己的存在感」。

有的人在各種各樣的問候時，會一起說出對方的名字。就像「早安，齋藤小姐」、「再見，薰小姐」。或是在會話中經常加入名字，「對了，齋藤小姐」、「是這樣的，薰小姐」。

諸如此類，對方其實也告訴我們，當別人提到自己名字時，感覺有多愉快。不過我也注意到，當名字被提到時，對方的存在同時也在心中變得更有份量了。

當不經意地聽到自己的名字，不論是好是壞都會感到驚訝。自己的名字存在著只對自己迴響的「言靈①」，當他人善意地提到時，自己就會受到打動，

①原文言霊。信者認為在言語中，有著一股不可輕視的力量，像是誓言或詛咒為其行使的例子。不信者則認為，不過是「自我應驗預言」。

同時也會強烈注意提到自己名字的人。說到打招呼，如果對方清晰開朗地叫自己的名字，就會留下明亮而充滿朝氣的印象，看起來有活力而又年輕。這或許也是名字的言靈所帶來的效用。

對於初次見面的人，如果立刻親切地稱呼對方的名字，會讓人覺得「這個人好友善，應該是好人吧」。因為覺得對方**一定抱持著善意**，所以很快就相信對方。形成第一次見面很快就相處融洽，迅速喜歡對方的相處模式。這告訴我們，在人與人相處時，稱呼名字會成為多麼重要的關鍵。

所以意識到這些，今天就清楚地喊出遇到的人的名字吧。記得，這時自己的印象也會逐漸加深，在對方眼中成為年輕而又美好的人。這也是提升自我印象的技巧之一。

rule

44

「感覺不出年齡」的效果

跟比自己年輕與年長的人都保持往來，受到喜愛的人不會變老。

據說不論到了幾歲，只要受到「年輕男性」愛慕，作為女性的評價就很高。相反地，在二十幾歲受到四十歲以上的男性喜愛的女性，則被視為是有魅力的女性。坦白說，在現在這個時代，不論伴侶比自己年輕或年長多少歲，都不會有人感到驚訝，但是能夠克服極端年齡差距的女性，可說確實具有相當的能耐。

進一步說，不論是上述哪種情形，都是具備相當「魅力」的證明。受到年輕對象的仰慕，可說是帶有清爽、成熟的魅力。而獲得年長對象的青睞，則是在成熟之外同時帶著純潔的吸引力。不過，年輕男性愛慕的女性，同時也會受年長的男性喜愛，各位可知道這樣的傾向？這樣的魅力或吸引力，可說是全能的（almighty）。

因為不論年輕或年長的男性都喜愛的女性，不會變老。除了外表總是保持神采奕奕，內在也總是保持純淨，互相呼應，所以不顯老。

這種魅力不只是對於異性，我想會受到年長與年輕的同性喜愛的人，也是如此。同時受到晚輩、前輩喜愛的人，一定洋溢著深厚的魅力，對上與對下都發揮作用，形成了「感覺不出年齡」，年齡不詳的效果。

所以反過來說，樂於跟比自己年輕的人相處，卻不擅長跟前輩打交道，或是無法跟比自己年紀小的同性溝通，人際關係就有所偏差，漸漸失去平衡。雖然是沒有辦法的事，還是希望各位留意。

不管跟什麼樣年齡的人都能應對自如，受到大家喜愛，這也是一種抗老的方法。

rule 45

床單睡起來舒適，也能帶來快樂

有人每天洗床單，
也有人三個月才洗一次。

有一次我在偶然間，看到電視節目一口氣公開「洗床單頻率」驚人的「個別差異」。雖然不知道是不是真的，有人「每天一定會洗」，也有人坦率得驚人，若無其事地說「三個月沒洗了」。每天洗床單的人問「為什麼可以在同一條床單上睡那麼多天？」，三個月沒洗床單的人則說「何必非要那麼頻繁地洗床單，我不懂有什麼意義」。當然，這其中並沒有「標準答案」。

但是所謂的「床單」對人而言，的確是塊非常特別的織品，是在一生中每天都會接觸的布。住在旅館的樂趣之一，就是體會專業服務人員用洗滌乾淨的飯店床單鋪床後，睡起來的感覺。這的確是其他事物難以匹敵的快感。看來全新床單的觸感，的確能帶來快樂。

也就是說，習慣睡清洗過的床單，很明顯會成為一種美容。只要有這樣的自覺，比往常提早洗滌，就會透過五感體會到強烈的快感，於是很自然地，洗床單的週期就會縮得更短。所以首先，只要想到就可以趁早洗床單。即使是主張春夏秋冬，一年只洗四次的人，也建議就在明天，或是這個週末盡情洗濯。光是覺得已經非洗不可才動手，或是自己提早開始進行，幸福的程度也會有所不同。早點洗一定會獲得讓身心變得清爽的淨化作用，所以一旦察覺，就會成為自己的習慣。想早點洗床單的心情會立刻覺醒。

那麼每天洗床單的人呢？試著將換新床單的頻率稍微提早看看。屬於鋪上新床單的日子的幸福，也相當特別。因為在漫長的人生中，換床單的次數多少也與抗老相關。

rule

46

找出適合自己，對抗煩躁的辦法

當心情煩躁時，塗上指甲油會感到平靜。

我有個奇妙的習慣，感覺煩躁時，譬如截稿的期限已經接近，心裡覺得很慌張，沒辦法好好寫東西，不知不覺就會開始塗指甲油。明明一分一秒都不應該浪費，自己也覺得不可思議「為什麼我會做這樣的事情」，卻很認真地開始塗起來。

剛開始連自己都無法說明這個奇妙的舉動，首先混亂的頭腦會化為一片空白，在專注於不要塗出指甲邊緣以外的過程中，會稍微用到一點腦力……後來我發現，這可以讓自己恢復平靜，而且對腦部來說或許是種簡單的伸展。據說運用到手指的細微動作，譬如「料理」、「習字」對失智症有預防效果，「手指的動作」能夠活化腦細胞，成為腦力訓練。

加上看到自己的指尖變美，也可以說是一種內在的美化，對於從心情讓美麗萌芽也很有效。一整天看到自己塗得很漂亮的指甲，美麗的自覺就會甦醒，看著自己塗上指甲油的手指，就像把家裡打掃乾淨一樣，心情會漸漸穩定下來，不再煩躁。不可思議地沉著下來。

無論如何，可以先找出適合自己，對抗煩躁的辦法。譬如立刻開始洗衣服？立刻開始擦鞋子？

rule

47

會一再觀看的作品，正潛藏著自己的課題

把特別喜歡的電影看三遍。

好電影看了再多遍也不膩，事實上不只是不膩，漸漸地會發現一開始沒注意到的地方。這大概代表對自己來說，這部電影具有重要的意義。也就是命中注定必須反覆觀賞。正因為一再觀看，所以反映出的本質本身，正是自己人生不可或缺的命題。

譬如我自己從十幾歲起，反覆看過《亂世佳人》這部電影，每次看的想法都不同。對於郝思嘉與韓美蘭這兩位可說是完全形成對照的女性之間，我的喜好游移不定。在十幾歲時，受到好勝又毫無畏懼的郝思嘉吸引，到了二十幾歲時，又喜歡善良而不懷怨恨的韓美蘭……就像這樣。在那個年代，我的確從這部電影中，獲得跟其他電影不同的收穫。那的確成為足以改寫人生觀的要素之

一。

後來我發現，這兩個人的人格，可說代表一個女人的兩種面向，而且這兩個女人具備的共通點是「勇敢」。不知不覺中，讓見解成為自己的血肉，這正是看電影的理想方式。

雖然只不過是電影，卻又不只是電影。要知道觀賞過無數次的影片，正潛藏著自己人生的課題。不，應該說一定要從中找出某些啟示，而不只是覺得「很有趣」而已。

所以，對於有特別意義的電影至少要看三遍。如果能掌握「不只是消磨時間的電影欣賞方式」，人生也會跟著改變。這也會成為一種抗老的祕訣。

rule

48

讓居家空間重拾生命

應邀作客會提升自己的「生活」；邀人來作客，則會為住家帶來活力。

應邀去朋友家，就各種意義來說會對自己形成刺激。不論對方家是收拾得一塵不染到令人吃驚的地步，還是粗枝大葉得讓人意外、只顧重點地過日子，不論哪一種，都會令人感覺到足以逐漸改變人生觀的影響力。不論哪一種，都會使人重新檢視自己的生活，回到家之後，一定會以某種形式改良自己的生活。不用說，從中可學到自己沒想過的生活方式或室內佈置，看到別人家的樣子，也會重整自己的擺設。結果去別人家作客後，不知不覺自己的生活也向上提升。

而且說不定應邀之後，就覺得應該要招待別人來自己家。這當然是因為拜訪過別人後，所激發的一種上進心。

畢竟請人來家裡作客的時候，一定會更為留心吧。如果要招待客人，家中的各個角落都會徹底打掃乾淨，空間也會更有活力。所以與其作為日常的邀請，不如儘量以「家庭派對」的名義，以略為正式的氣氛進行招待。

家不僅是「自己的作品」，也是披露生活方式的舞台，無論如何都應該當作是自己的得意之作，所以在房間角落沉睡的椅子，放置在木質檯桌上、稍微蒙上灰塵的物品，就要讓它們一一重獲新生，綻放光彩。

當然像這樣讓居家空間重拾生命，也會讓居住其中的人甦醒過來，彷彿注入新生命般，閃耀著存在感。「整間屋子的抗老」必須要邀請人來才會實現，請記得這個道理。

rule 49

放下節食思考的壓力

開始用餐時，先吃蔬菜帶來飽足感最幸福。

節食很痛苦。需要忍耐跟毅力，而且會持續感到飢餓。對於不想變胖的人來說，瘦身就必須如此。但是如果腦海中整天盤旋著非節食不可的念頭，多少會感到憂鬱。恐怕有不少人在不知不覺間，養成了這種「節食思考」。

如果瘦得合宜，這些壓力很快就可以一筆勾消；但如果體重沒有減輕，只會日漸累積壓力而已。不但對身心都不好，反而還會形成不容易瘦的體質。所以應該要儘快改採用更輕鬆愉快的節食方式。

不過，各位可能會想：「世界上真的有輕鬆愉快的節食方法嗎？」我想可以在吃飯前先利用蔬菜帶來飽足感。

當然，除了在用餐時先吃生菜，其實連水果也最好在餐前吃，而不是飯後吃。據說為了產生幫助消化的酵素，最好在餐前二十分鐘攝取；不過要是覺得麻煩，可以先吃充分的蔬菜產生飽足感。這麼一來無論在味覺上或心理上，由於想吃肉或魚，飯量也會減到很少。如果想變瘦的話，這是最好的菜單。

但是如果討厭吃生菜怎麼辦？沒關係，不可思議的是，在空腹時所吃的生菜感覺總是特別好吃，就在採取這種飲食方式時，許多人變得喜歡蔬菜，最後甚至不需要加沙拉醬。如果意識到這些，就會變得很想吃蔬菜。這不是一種很積極的節食方式嗎？

rule

50

每天多省下一小時，就彷彿重新打開了關閉的門！

只要縮短做家事的時間一小時，就會年輕三歲。

有種具有人工智慧的掃地機器人，會自動在房間裡四處移動，不知現在的普及率如何呢？每個人都知道這很方便。不過對於日常生活，人多少有些保守的傾向，對於這種明顯很便利的發明，很容易覺得不切實際。反正也不是什麼大事，心想自己動手掃可能更乾淨。

但是無論是因為想趕上時代的潮流，或是想跟別人一樣，即使只是每天花不到一小時的家事，只要在日常生活採用新工具，說不定對人生也將形成改變。如果說，當我們知道每天可以省下一小時的打掃時間，感覺就像打開了一扇新的門，這樣解釋應該更容易懂吧。這是種必須實際體驗才明白的喜悅，不是因為可以少做家事，而是因為「時間縮短」。這並不誇張，令人感到彷彿延長壽命，深切感到與性命相關。

說來現在做家事的「便利工具」形成空前的熱潮，也是因為各種各樣的科技進化，讓真正的便利能夠得以實現。每當日常生活稍微變得更方便時，彷彿就提高生命能量、使細胞活化，因為感覺到從其他事情所體會不到的「氣」的效果。

所以一旦熱衷於「方便」，就再也停不下來。一定會想獲得更多便利。這也是日常生活本身的進化，屬於自己的時間、未知的時間增加，與自己的進化也有關。在人生中，彷彿打開了以前緊閉的抽屜，產生期待的感覺。便利工具帶來的抗老效果，絕不會令人後悔。

rule 51

懂得「有捨才有得」的女性最美！

隨著年齡增長，成為「懂得讓路的女性」。

假設在電梯開啟時，持續按著「開」的按鈕，等其他人陸續走出，有常識的人自然而然會這麼做，但是以周遭的反應來看，恐怕有很多人不會有任何表示，直接走出電梯吧。換句話說，這樣的舉動不會得到感謝。

雖然在歐美等地，的確不可能像這樣讓女性殿後，而且顯得失禮。但是身為日本女性的我們，卻在不知不覺間總是禮讓他人。儘管不會獲得稱讚，也不會受到感謝，還是會為別人讓路。但或許這樣的利他舉動，更蘊含著美感。

我們整個國家關於美容的建議，具體來說，立場包括「要有自信」、「將自己的美呈現出來」。日本人的弱點在於缺乏自信，所以這類提議當然會成為主流，但是像這樣願意退一步的姿態，不正展現出日本人特有的美感？或許我們應該重新正視這樣的價值觀。

在工作場合，將人人羨慕的「好工作」讓給表示「我想嘗試」的人，或許也是「有捨才有得」。現在的謙讓，將來一定會在某時某處醞釀出結果吧。甚至在特賣會時，如果有人正好跟自己看上同一件東西，因為不想爭奪所以讓給對方。或是只有一個空位時，不喜歡搶先一屁股坐下，所以禮讓，只要單純地這麼想就可以。從平常就具備美意識，到有餘裕讓出令人稱羨的工作，就算沒有人在看，「懂得讓步的女人」無疑是美麗的。

rule 52

好奇心是提高心靈代謝的關鍵！

「什麼都想弄清楚的習慣」也可以抗老。

人生是平順而無聊的，如果有人這樣說，我想提出疑問。簡單說，每個人活著，其實都過著單調的日子。這樣的事實的確令人遺憾。因為所謂「無聊」，是面對單調的每天，自己不夠努力讓它變得有趣所導致。

不，其實也不談不上努力，只要具備好奇心——恐怕決定人生充實度的關鍵，在於好奇心。所以好奇心可說是豐富人生最重要的養分。

譬如探訪「大家都說很好吃的餐廳」，並不是因為食慾而是源自好奇心，因為想要體驗看看品嘗美食的滿足感；聽說美術館展出名畫家的作品，就想著「我一定要去看看」，這也是出於好奇心。對於沒去過的國家產生「至少要造訪一次」的念頭，也是毫無理由地因為好奇。包括對流行與藝人的好奇、知識上的好奇、對人生的好奇等等，如果對各種各樣、大大小小、多種面向的事物感到好奇，一定能造就「非常充實愉快的人生」。

不過，要付諸行動還是不容易。如果覺得自己行動力不夠強，可以想成「我就是想瞭解」。因為光是有「求知」的好奇心，就可以成為驅走「無聊」的重要關鍵。

因此如果列出心中「想明白更多」的三大主題，應該包括歷史、人物、宇宙。認識歷史，也就是瞭解時代，於是能掌握今日。知道人物也就是認識人生，所以能瞭解自己。而認識宇宙也就是探索未來，光是這樣其實已經知道得很多。而且不只是內心的新陳代謝，體內的細胞也會開始代謝。「求知慾」會促進生命的代謝，「什麼都想查證的習慣」則是非常有價值的習性。

rule 53

穿真正「適合自己」的衣服

在選衣服時，一定要選「會顯瘦的服裝」。

在買衣服時，你在試衣間究竟替換了什麼樣的衣服呢？該不會只確認了「穿不穿得下」吧？

譬如在買牛仔褲時，如果穿二十八號的長褲，拉鍊能闔上，你是不是就很高興地買下二十八號呢？試穿當然不是把身體塞進去就可以，而是為了確認「穿上會不會顯瘦」。這麼一來，就不應該選二十八號，二十九號才是正確的選擇。因為穿著緊繃的褲子看起來一定會胖，稍微有點餘裕會使身體顯瘦，才是最好的尺寸。

的確，選擇各種衣物的過程，最終目的就是要找到「會顯瘦的衣服」。老實說，如果選了穿起來比實際上胖的衣服，並不漂亮。這樣的衣服寧可不要，因為根本算不上「適合的衣物」。

當然，如果是太瘦的人想選稍微寬鬆一點的衣服，那又另當別論，但是以結果來看，帶有美感的餘裕不可或缺。打扮就是要讓身體的線條看起來更優美，這是時尚不變的原則。

總而言之，不論是身軀、袖長、裙長、腰圍、臀圍、大腿，最好選擇看起來顯得俐落的單品，這是打扮的大前提。這時，正因為最好背影看起來也要苗條，在試衣間可以趁機觀察自己背後的樣子。由於自己恐怕再也看不到穿著這件衣服的背影，所以要在場確認清楚。

而且究竟會不會真的顯瘦，有時候自己無法判斷，所以要有「會說實話的人」同行，這才是購物的真正祕訣。

rule 54

鍛鍊肌肉
就會改變心情！

從鍛鍊肌肉開始重返年輕！光是這樣就能提振心情。

人只要從事「對身體有益，或是可能有幫助的事情」，就會感到幸福。所以光是持續伸展十天，心情就會變得很愉快。有一次我意外地持續腹肌運動一段時間，造成了預料之外的精神煥然一新，老實說我相當吃驚。當然，其中也包含著腹部縮小的喜悅，但是與其相比，我發現「腹肌」所帶來的微妙自覺，產生了令人難以置信的積極態度。

當我在身心俱疲的夜裡，正想窩在沙發裡的瞬間，卻不由自主地開始打掃起來，於是發現這個道理。我意識到自己在整理時，情緒既不低落，身體也並不覺得疲倦。是肌肉阻止我窩在沙發裡。這麼說來，最近我很少感到沮喪。由於身心都很健康，所以變得莫名積極起來，這就是我的發現。

的確，有位朋友曾經明白地告訴我，重返年輕的祕訣就是「稍微鍛鍊肌肉」。只是當時我還無法理解，現在我才真正明白，原來是這麼回事。

只要稍微有點肌肉，即使在充滿睡意的早晨，仍然可以毅然起床，連自己都感到驚訝。也不會一直賴在沙發上。就算因為沮喪而駝背，也會無意識地抬頭挺胸，開始做些別的事情。結果，不論身體疲勞或心情鬱悶，都消失得無影無蹤。身心的壓力幾乎都由身上的少許肌肉吸收了。

還有一件事，是母親最近開始在做非常簡單的伸展運動。從完全躺平的狀態，輪流單腳曲膝，在胸前抱十秒鐘，重複三次，真的非常簡單。不可思議的是，她看起來很有朝氣，甚至可說是變年輕了。同樣地，她也變得非常積極，令人不可置信。這一定是她體內各處休眠的細胞甦醒過來的緣故。

無論如何，所謂「病由氣生」，反過來也是同樣的道理。肌肉會改變心情。就算只有一點肌肉，也會徹底改變生活方式，讓內心豁然開朗。藉由肌肉可以提高基礎代謝，好處不只是可以變瘦而已。細胞的代謝也會驚人地提高。

這的確是以肌肉抗老，也是肌肉的幸福論！

rule

55

物極必反是自然之理

不要執著於當下的喜或悲。

快樂結局的故事，當然會令人覺得幸福。

但是請同時想想：這樣的幸福會持續到什麼時候？「最近竟然只遇到些好事」，通常就在這麼想的時候，第二天往往就發生壞事。事情總是這樣，也的確如此。

自從大約四十五歲左右，我察覺到這件事以來，想到如果事情一直都很順利，就會轉而提高警覺。也會提醒自己，千萬不可心生自滿。不過如果反過來，就算壞事持續不斷，我也會告訴自己，一定會有好事發生。

rule 56

觀察母親的樣子，也可以看見自己的未來

讓母親感覺年輕十歲，也可以使自己減緩老化。

自從某個年齡開始，我忽然開始注意到自己母親老化的情形。我希望母親一直保持年輕。身為家人、體內有著跟母親同樣DNA的女兒，而且是她身邊最親近的「同類」，這是我深切的願望。正因為開始感受到自己也上了年紀，所以也察覺到母親的老化。

而且不只如此，我越來越常感到母親彷彿是自己的投影。因此作為女兒，不只是琢磨自己，也應該引導母親變得年輕美麗。

譬如我跟母親一起去逛街，就像某些電視節目的變身單元，會安排母親的改造計畫。我發現當母親變年輕時所散發出的能量，也為我自己帶來相當大的鼓舞。把別人變漂亮，就各種意義而言也會反映在自己身上，更何況是自己的

母親。這也是為了更瞭解自己的未來，需要多費些心思。

所以，我尋找著能讓母親看起來年輕十歲的衣服。為了讓她看起來有女人味，還找了好走的有跟的鞋子。還有帶來新的美感的髮型。可以的話，也安排幫助她維持體態的活動，譬如一起去健身房，或是準備健身器材。

為母親抗老說不定效果最好，因為對自己的抗老也有幫助。

rule 57

不為人知的「疲勞消除法」，讓你擺脫後悔！

將那些假裝不存在的煩惱，在兩週內解決吧！

壓力在累積到某種程度前，還不會發生什麼事情。但是超過一定的量之後，就會爆發。而且據說印象中壓力似乎比別人少的人，其實往往都蓄積了相當的壓力。所以壓力真的很可怕。

會誇張地嚷嚷「那很困難，這很恐怖」的人，實際上不太會累積什麼壓力。情緒化的人很容易面露不悅的表情，經常使喚周遭人們的人，壓力也比看起來輕。恐怕是會為別人著想、情緒穩定的人，反而在不知不覺間一直持續累積壓力。要這些人「可以再任性一點，儘量麻煩別人吧」是強人所難。原本對太過努力而累積壓力的人，就不該說「不必這麼認真也沒關係」。對這種類型的人而言，完全不努力反而會累積更多壓力。要改變「天性」是不可能的事情。所以接下來，我要介紹一種每個人都做得到，且具體的壓力消除法。

現在，你會為什麼事感到不安呢？很久沒回老家，沒有好好向幫助自己的人道謝，或是很久沒整理抽屜，沒空整理庭園任由荒蕪，跟朋友發生不愉快後就此疏遠……每個人都有兩、三件像這樣的事。但是那些會感到遺憾，不願想起的事，其實會在心中累積巨大的壓力。所以不如將裝作遺忘的這些事，特地找出來面對。可以的話，儘量在兩週內解決。

即使只解決一項，壓力也會立刻減少。身體一定會感覺輕鬆許多，才知道原來對自己而言，這些事竟然累積成壓力。所以請嘗試看看目前最佳的壓力解除法。只要將悶在心底的事解決。因為事關壓力，所以只要這麼作，甚至可以得救。

rule

58

百看不膩的秘密，是避免一成不變

每三天改變自己十％，成為「讓人不厭倦的女人」。

人很容易就看習慣了。所謂「美人看三天就膩了」，或是「隔段時間不見，果然又更漂亮了呢」的稱讚方式，都是這個意思。這樣可不行。無論有多美，帶來的感動只會日漸稀薄。

所以本篇的主題是，如何讓人百看不膩。每天都化同樣的妝、維持同樣的髮型，穿著類似的衣服出門，不論覺得多有「自己的風格」，對女人來說究竟不好。所以希望各位最好巧妙地持續改變自己。

不過儘管如此，如果打扮得過於目不暇給，會讓周遭的人感到難以適應，反而達到反效果。一年到頭都在換髮型、變化得太頻繁的人，不可思議地無法掌握人心。或許是因為沒有固定的印象吧。所以可以每三天改變自己十％，變換打扮後再出門。

譬如改變瀏海的分法、眼線的深淺、腮紅的顏色，或是稍微改變眉毛的畫法，光是這樣就會讓周遭的人眼睛一亮。最重要的，**不是要讓人訝異**，而是為了「讓別人發現令人眼睛一亮的自己」。所以綻放光彩的程度已經足夠。如果無論多美，只要三天就會膩，那麼打扮就以每三天稍作改變為目標。

或者是每三天穿一次平常很少穿的衣服類型，換穿沒嘗試過的衣服顏色也可以。不需要到忽然變身的程度，但不要連試都沒試，就排斥某些衣服。就這樣記得維持十％的變化，應該就會發現自己變得越來越漂亮。因為十％變化的工夫可以鍛鍊打扮的能力，不知不覺也琢磨自己。當變化成為一件有趣的事，看起來一定會不一樣。這樣就能成為一直保持美麗，不會令人厭倦的女性。

rule 59 不笑的人老化得快！

不開心過日子，容易肌膚鬆弛？

「面帶微笑過日子吧！這會讓你變得更漂亮」這類提議，是從很久以前就有的主張。精神飽滿肌膚就有彈性，心情愉悅地生活，肌膚也會帶有透明感。後來已獲得證明，這是由於神經系統發揮了作用；透過療癒系的香氣或極致的觸感讓人放鬆，使肌膚變漂亮的化妝品也陸續登場。不過儘管如此，我想還是有很多人無法理解，為什麼「面帶微笑」地生活會變漂亮？我明白這種感覺。所以儘管留意每分鐘「試著將嘴角上揚」一次，始終沒有養成習慣。

不過有一次，我有了意外的發現。正好家人不在，大概有三天的時間，我幾乎沒有跟別人說話，自己也察覺到表情僵硬，擠不出笑容。如果運動不足，身體就會變得僵硬，動作也會變得遲鈍。只是想要伸展，身體就感到疼痛。我想起某位禮儀專家曾經淡淡地說過，「如果總是面露不高興的表情，人會老得很快呢」。

原本不開心的樣子，就會讓人幾乎面無表情。臉部的肌肉漸漸地僵硬，變得像石頭一樣。所以如果都不笑，就會變得越來越笑不出來。

如果再加上因為年齡增長帶來老化，顏面肌肉各處因不悅表情形成的「向下」紋理也徹底穩固。再加上重力造成皮膚鬆弛，可想而知這種下垂只會越來越明顯。保持不悅的表情容易顯得比實際年齡老，臉部向下鬆弛，這恐怕就是不悅表情造成的原因。

反觀保持笑容的人，就像經常在鍛練顏面肌肉，因此顯得柔軟，而且具有彈性。就算表情變得不悅，一下子又變回笑臉，臉部一定不會鬆弛。由於血液循環也會變好，所以一直保持年輕。人真的需要從各方面好好琢磨自己。如果經常與人面對面，一起愉快地笑，就不會變老，面帶開朗且美麗的表情而活，自然會吸引周遭的人，於是面露感受到人生喜悅的笑容，形成良性循環。

而且還有一點，藉由笑可促進自然殺手細胞活化，它有提高免疫力、攻擊癌細胞等作用。不可思議的是，據說光是把嘴角上揚，就能產生這種效果。這就是嘴角上揚能讓心情開朗，感覺愉快的證據。彷彿是對保持微笑的獎勵。

人類的身體多麼神祕，確實是神的作品喔。

rule 60

不問自己幸不幸福！

透過關於「幸福」的定義，讓自己更接近幸福。

「幸福就是不問自己幸不幸福」「幸福的顛峰就是不幸的開始。但幸福也只是透過比較而來。」「自己究竟幸不幸福，要等到一輩子過完才會真正明白。」

「不幸的人懷抱希望，幸福的人要保持警覺。」「如果不曉得這麼多關於幸福的例子，人或許會覺得更幸福吧。」

「比起其他因素，幸福跟健康的關聯最密切」……

知道許多這類令人意外的「幸福」的定義，正是邁向幸福人生的捷徑。

rule 61

利用面對「名牌」的正確態度，展現成熟的知性

不是「喜歡『名牌』」，而是「我喜歡『這個品牌』」。

現在二十幾歲的年輕人好像對名牌沒什麼興趣。三十幾歲或四十幾歲的人就算喜歡，似乎也不覺得非擁有不可。所以如果說「喜歡名牌」，應該是過去的泡沫經濟世代，也就是現在五十幾歲的人吧。

而且從學生時代就開始勉力而為，拼了命要擁有名牌的這個世代，時至今日，可說是終於到了適合高級品牌服飾與配件的年紀。既然這樣，希望各位妥當地看待名牌。

假設從結論開始倒推，如果要妥當地看待名牌，不論有多喜歡名牌，也不要對「名牌製品」一概而論。究竟是喜歡哪個品牌？怎樣喜歡？像這樣改變「喜歡」的理由。

當然，想喜歡什麼、怎麼喜歡是個人的自由，但是所謂名牌不論穿搭效果好壞，都受到「洗練」程度的影響，明明想打扮漂亮，結果看起來反而更顯平庸，這點到現在依然不變。像過去的「名牌至上主義」雖然不至於成為問題，但是如果對於「名牌的搭配」不夠嫻熟，看起來就不像知性的成年人。

所以希望大家這麼想：如果你的東西全都是名牌會如何……一定不要以「喜歡名牌」，而是以「我最喜歡哪個品牌」的考量選擇。因為已經不像年輕時名牌還顯得很高貴的時代，自己也過了崇尚名牌的年齡。雖然「好東西就是好」，但是既然包括的範圍很廣，就不要以「名牌」涵蓋，發現每個品牌的個性，當成「專有名詞」一樣選擇品牌。不這樣做就無法養成洗練的品味，也顯現不出知性。所以希望各位重新給予名牌評價，這是為了證明自己具備大人的洗練與知性。

rule 62

「嫌麻煩」是美容的大敵！

如果覺得缺乏活力就喝補充飲品。

漂亮與否，差別究竟在哪裡？神彩奕奕的人與無精打彩的人，有什麼不同？我有時候會試著思考。答案不只一個，但是決定性的是「是否能事事不厭其煩地進行」。譬如能不能不嫌煩地「將東西全部收拾好」。雖然只是些非常細微的小事，但是造成的差距卻相當大。化妝很麻煩，出門很麻煩，跟人見面也很麻煩。經過這樣重重累積，說不定連活著都嫌麻煩。所以女人千萬不可以怕麻煩。

不過，也有些人與生俱來的性格如此，那也沒辦法。但是當開始在意年齡時，如果還怕麻煩就會衰老。所以要意識到這點，不要什麼事都懶得動，這樣的想法本身就有抗老化的作用。沒關係，只要平常多留意「養成習慣」，生活方式也會改變，甚至連人格都會改變。因為與生俱來的性格也可以改變。

另一個方法就是借助補充飲品的力量。喝了之後「比較容易醒來」。維他命、輔酶Q10補充劑、DHA、瑪卡……早上很快就能起床，是細胞能量提高的證據。於是不可思議的事發生了。學新東西、規劃旅行、下廚招待朋友、改變室內佈置、展開新的戀情、開始從事志工……做這些事情一點都不覺得辛苦，結果每天都很充實，於是漸漸地自己一定會感到幸福。

擁有很多的朋友、計畫與興趣，家裡的環境與自己都變得光潔。毫無疑問，只有不怕麻煩的人才能擁有這樣的幸福。不嫌煩的人會將生活、自己、人生都整頓得當，於是獲得幸福。

rule 63

在街上看到認識的人，立刻裝作沒注意到，這正是老化的開始！

選擇積極又充滿活力的度過每一天吧！

每個人應該都有類似的經驗吧：在街上偶然看見認識的人時，立刻裝作沒發現的樣子。這就像在打賭一樣，如果被認出的話再說。反正先不要讓視線產生交集，不要引起注意，就悄悄地經過……

當然，有很多情形，問題是出在對方身上。譬如一開始說話就停不下來的人，只要一談話就會說出「令人不愉快的話」的人，總是愛批評的人……遇到這樣的對象，的確讓人想隱藏起來。佯裝沒注意到雖然是個辦法，不過，如果「問題出在自己身上」，又應該怎麼辦呢。

立刻隱藏自己，以各種意義來看，明顯帶有「後悔」的意思。做了不合道義的事的懊悔，對於「外表」感到尷尬，以及對於「現在的自己」的後悔，甚至對整個人生的後悔。希望各位察覺自己的情形屬於哪一種，真正的原因是什麼，否則會不知不覺整個人變得黯淡消沉。恐怕那就是自己也沒有察覺的負面因素。首先請意識到自己心中存在著負面的部分。如果放任不管，很可能會自然地滋長。

反過來說，不論在什麼場合，都能主動出聲，面帶微笑地打招呼，不管是身心或人生，都沒有「負面陰影」存在。不，就算曾經存在過，也已經積極地持續改善，光是這樣整個人看起來也會生氣勃勃，在無意間遇到別人時，就能夠給人好印象。反過來說，立刻躲起來，證明人處在衰退中，這種消極的態度正是後悔的證據。那麼，你是哪一種呢？在街上你會主動向人打招呼，積極地渡過人生嗎？有一件事是確定的，自己裝作沒注意到的樣子，對方應該看在眼裡。

rule

64

不整理衣櫥的人，在想整理時就已經失敗了！

首先要從重新購買優質的基本款衣物開始。

有些話，我想對無法達到「斷捨離」而感到很苦悶的人，或總是無法收拾衣櫥、讓衣服散成一團的人說。那就是「因為想著『以後再整理』，所以才會失敗的」。

所以建議各位先這麼做：重新購買「真正優質的基本衣物」。即使有些衣服已經有好幾件同樣的，還是請重新再買。

各位可能會感到困惑：「這不是亂來嗎？明明想減少東西，卻還要再買？」最重要的是，想捨棄卻難以割捨，想整理卻提不起勁。這時所需要的，正是添購上等的常穿衣物。

祕訣是，無論如何都儘量挑選上等的衣物，儘可能選擇高價的衣服，作為最常穿的服飾。譬如黑色的喀什米爾高領毛衣、焦糖色的風衣、版型漂亮的白色長褲……總之，對於會長久穿著的衣物，請各位抱持信念尋找。如果購買了像這類「質感佳的超基本款」，不知不覺就會想整頓生活，想要好好重新過日子。這麼一來就會湧現驚人的能量，認真捨棄不要的東西，對於拖延已久的計畫也會展開行動。

並且，對於已經擁有的「類似的衣服」，可以下定決心淘汰。也就是說，這正是將自己提升為更好的女性的行為。藉由購買更好的衣服、捨棄比較差的衣服，可以迅速地重新整頓自己。

可以的話，希望各位儘量在四十幾歲、五十幾歲時重新選購衣服，因為立刻就會令人想重新整頓自己的人生。

rule 65

覺得自己已經很完美的瞬間，老化就開始了！

藉由學習讓年輕的特質甦醒。

傑出的人往往這麼說：「隨著職涯累積越豐富，越覺得自己不成熟，而感到惶恐。」但是一般的狀況通常相反。隨著年歲增長、職涯累積，對自己當然會越來越有自信，所以必然地會變得頑固、不太聽別人的意見，因為不想否定目前為止累積成形的自己。

不過這麼一來，不知不覺就變得**拒絕聆聽**，很容易覺得自己已經「完成」了。人的老化就從這時刻開始。身體隨著成長逐漸開始老化，而意識上，則是在自認為已經成熟時開始老化。正因為如此，隨著年歲增長，「**重新學習**」的心態有相當的必要。

各種課程或講座都好，回到大學單純接受訓練也好。不過儘量不要挑「遠端教學」，要儘可能選有老師在的場合當學生。為什麼這一點特別重要，因為這是對於比自己優秀的人所具備的知識與才能，表示從內心感到的敬意。正如「飽滿的稻穗總是低垂著頭」，學問或品格越深厚的人反而越謙虛，此時更應該想起這個法則。

比實際年齡年輕的人，以正面意義來說就是「尚未完成」，所以會好好吸收新事物，也會對他人感到佩服。像小孩一樣單純地想著：這個人好厲害、那個人好強啊、自己也想變成這樣。於是會重新刺激「成長荷爾蒙」，這也是種很棒的重返青春。總之要向比自己優秀的人看齊，謙虛地學習。自身年輕的特質一定會甦醒。

rule 66

「加乘效果」的友誼，能讓人變得更美！

相處融洽的朋友，可以互相邀對方從事喜歡的活動。

舉例來說，就像和搖滾樂迷、寶塚迷還有相撲迷成為要好的朋友。就算興趣差異很大，很容易互相取笑，但也可以反過來，讓差異增添彼此的「深度」。

比如五位好朋友藉由「邀請大家體驗自己的興趣」，按照順序輪流嘗試。於是寶塚迷為其他人準備好入場券，在欣賞演出當天之前，向大家解說「最值得欣賞的重頭戲」、「寶塚迷的規矩」、「如何找出自己最喜歡的角色」等。相撲迷也一樣，為大家選好位置，說明相撲的魅力與慣例。

就這樣循環一年。當然，儘管如此，也很有可能只輪流一遍就結束了。不過這樣也好。這是成為大人之後的「社會觀摩」，如果要擴展視野，這將成為無可替代的經驗。隨著年歲增長，人的感受性也會變得像肌肉般僵硬，沒嘗試就排斥的事物也會增加。對於拋開這些堅持，多方嘗試就像一種挑戰。光是運用平常用不上的感性，就可以舒解僵硬的心。

另一方面，以自己的興趣招待朋友，也會讓自己覺得情緒高昂。因為邀請他人進入自己的世界，獲得共鳴的喜悅非常寶貴。如果像這樣投入嗜好，一定可以讓右腦與左腦同時活化。

據說女性最近跟男人一樣，覺得跟擁有相同嗜好的人作朋友，更有樂趣。這也是一直以來我跟女性朋友相處的模式，跟傳謠言或說人壞話的朋友關係相比，健全了一百倍。希望大家儘量嘗試輪流參與朋友的嗜好。

rule

67

省電也能抗衰老？

流汗就不會變老，因為可以淨化體內。

日本人的確善於忍耐……在舉國力行「節電之夏」的二〇一一年，我再度這樣想。不過這在偶然間成為一種警告。日本人很少流汗，甚至還有像岩盤浴之類讓人汗流不止的手段蔚為風潮，這正是不出汗時代的象徵。而且近年來，不流汗的人逐年增加。

當然，汗水對女性而言，會造成「脫妝」、「腋下的汗漬」，導致「看起來狼狽」、「產生氣味」，是麻煩的來源。而且排汗還不只是水分，過度流汗還會連必要的鹽分與礦物質也排出。還有熱中暑的問題，所以不能一味地鼓勵流汗，不過適當的流汗可以提高代謝，形成容易瘦的體質，體內獲得淨化，免疫力也提高了，這是不可否認的事實。流汗基本上可讓肌膚保持年輕、延緩老化。的確，鹽分濃度較低的淋漓汗水與皮脂混合形成的皮脂膜，可說是上等的天然乳霜。

順帶一提，理想的排汗，的確是**身體邊活動邊出汗**，譬如在日常做家事時或節省用電時流汗，據說自然就有抗老的效果。人類的歷史直到最近為止，很少有「一起流汗吧」的提議，反過來說，這也是人們習慣空調後，連夏天都變得很少流汗，既而產生的一種警告。人類的身體也必定明顯地感受到，一種「異常氣象」發生了。

如果更進一步來說，日本人有日本人的美德。我不禁想起「忍耐的天性」，這時人們的身體，或許也恢復在過去沒那麼方便的時代的效能。就各種意義上來說，夏天確實有許多讓人省思與學習的地方。

rule
68
平時沒有察覺自己體型的變化，就會提早老化！

不縱容自己身材變形的最好方法，就是每年買泳裝。

你每年都會買泳裝吧？覺得穿泳裝很麻煩的人，應該是就算想穿，體型也不適合。對於已經好幾年沒穿泳裝的人，希望能聽進以下的建議。泳裝每年都一定要穿，如果可以的話，儘可能每年持續添購新的泳裝。一旦泳裝變得不合身，就會永遠穿不下。這麼一來女人的體型就會走樣，漸漸地越來越鬆弛，恐怕不會恢復原貌。所以不可以停止穿著泳裝。

本來會對穿泳裝感到卻步，就是因為察覺到自己平常視而不見的體型變化。不可思議的是，「沒穿衣服」或「只穿內衣」照鏡子所看不出的問題，在穿泳裝時就能察覺。這是因為穿著泳裝時，「女性應有的體態」就會具體浮現。也就是如果沒有持續穿泳裝，體型上的「女性形象」就會崩解，徹底加速衰老。不只是體型，別人眼中的印象年齡也會徹底提早老化。

當然，不是建議各位買「游泳競賽」穿的泳衣，而是「今年流行的泳裝」。因為不希望大家逃避，躲在穿慣的泳裝裡。正因為新的泳裝會令人提高警覺心，無微不至地留意身體每個細節，讓全身充滿「女性的自覺」，才能重新正視自己的身體。

幸好最近的流行不是高腰泳裝，而是以比較正統而且能修飾體型的設計為主流。曝露較少的經典連身裙也復活了。有好一段時間沒穿泳裝的人，也可以不要膽怯，嘗試看看。這是讓自己不再逃避現實最有效率的好方法。

rule 69

讓怒氣儘早消失，這也是抗老化的方法！

懂得消除怒氣的祕訣很重要。

人活在世上，「怒氣」自然會形成極大的壓力。只要與人相關，就無法避免，於是不知不覺就會變成束縛。如果活著能夠不發怒，那不是很愉快嗎。「發怒＝巨大的壓力」，所以經常發脾氣的人衰老得快。就這點來看，希望各位能「儘可能縮短」內心發怒的時間。

有句哲言說，怒氣要在「天亮前徹底平息」，如果考量到壓力會迅速帶來傷害，連等到天亮都還太久，停留在身上的時間越短越好。所以應該要先好好學會「讓怒氣平息的方法」，這樣才不會讓小小的怒氣漸漸擴大。

譬如下列辦法：在感到怒氣的瞬間，「試著化為語言，在口中默唸」。如果沒有轉化為言語，怒氣會在腦中擴散開來。不論是怎樣粗暴的話都沒關係，清楚地化為語言，試著不出聲說說看。聽到只有自己才聽得見的話，怒氣多少會平復。自己也會明白，這樣的話不可能向對方說出來。

如果錯過當下的時機，懷抱怒氣回家，可以試著將內心的不滿寫成信件或電子郵件。當然是維持在「草稿」的狀態，而且不要寄出去。因為光是寫成文字，就可以讓心情平靜下來。而自己當然知道，不需要讓對方看到這樣的信件內容。

換句話說，會將怨言默默吞下，或是在寫草稿時停筆的人，就是「向對方表達怒氣時會感到後悔」的人，所以我們應該這麼做。因為將怒氣向對方傾訴，是無法真正從內心感到輕鬆的。

rule 70

好好看著漂亮的人，這是效果極佳的震撼療法！

將受到的衝擊轉化為讓自己重新站起來的能量。

這是我自己的親身經驗。在剛進入五十歲時，我察覺到膚質急速衰退，覺得非常沮喪，很微妙地領悟到「原來人是這樣變老的呀」、「到了這樣的年齡，真的就是會衰老呀」。換句話說，在那個時間點，我察覺到自己已經到了一定年紀，也接受了這個事實。

不過在當時，我無意間遇到以前的同班同學，她的美讓我眼睛一亮。都到了這個年紀，我完全沒有想跟她比美的意思，不過她確實讓我覺悟，絕對不可以繼續任由自己老化。一半出於「本能」，我很認真地重新改變自己的美容方式，也試著比過去更認真地化妝。

而結果如何呢？不論是肌膚年齡或印象年齡，都大幅變年輕，連我自己都感到驚訝。

這就某種意義而言，可說是「震撼療法」。譬如看到已分手的情人跟美貌驚人的女性一起走在街上，多少會覺得有點受刺激吧。不過也因為這樣，會萌生女性的自覺，想到不可以讓自己憔悴下去，所以我覺得這是非常好的震撼療法。

如果只停留在嫉妒或喪失自信，就毫無意義，最理想的狀態是不要陷入這些負面情緒，將受到的衝擊轉化為讓自己重新站起來的能量。或許甚至應該時不時接受這樣的衝擊。

也就是說，美麗的震撼療法就是要**親眼目睹**，在驚訝時產生的效果，以及看到美麗得令自己訝異的人，是最簡單的強效美容。

rule 71

人如果閒著就會變老！

但是如果忙到根本不想說話，會老得更快。

如果要看一國的「國力」是否真的減弱，指標之一就是年輕人有沒有「怕麻煩」的心態。現在的日本年輕人，包括留學在內很少出國，也不太想談戀愛，就是覺得「太費事」。有些人因為逃避忙碌所以不想成為正職員工，也是個嚴肅的問題。「怕麻煩」會侵蝕能量，因為身心懈怠會使氣力更為低落。

說著「好忙、好忙」、每次見面總是很忙的人，毫無疑問充滿活力，而且外觀看起來也比較年輕。人越是忙碌就會形成能量與青春。不過忙碌也有分正面的忙碌與負面的忙碌，這是明顯的事實。

儘管忙得疲累，但卻感到愉快充實，是正面的忙碌。不過相反地，也有只留下厭倦而疲憊的負面的忙碌，不可思議地，人在陷入這種忙法時，不會低語

「好忙、好忙」。這就是沒有促進能量的證據。沒有報償、沒有前途、缺乏希望的忙碌，只會累積壓力，不會產生新的力量。如果身體動個不停，但是內心卻是空白的，只會留下厭倦的疲累。所以如果為這種忙碌感到怒氣，最好試著多少改變一下生活，轉向比較愉快的忙法。如果不設法轉換，只會耗損生命。我覺得這是在浪費人生。

有些人「體質上經不起忙碌」的確是事實，但是人不可以身心都鬆懈。因為這樣會失去動力，整個人彷彿徹底生鏽。不過，只有身體操勞也不行。對於不適合自己、忙到不想開口的忙法，一定要設法改善。這是為了保持年輕，也為了未來。

rule 72

你是否只露出三〇%的笑容？

展現八〇%的笑容，將會改變你的人生。

請試著在腦海中想像某個人的臉，誰都可以。這個面孔是否帶著笑容？還是一臉不悅的樣子？對於某些人，無論如何就是聯想不到對方笑的表情。人在其他人的記憶中，大概一直都以同樣的表情保存吧。那張臉正是屬於這個人的印象。

那麼，自己又是屬於哪種情形呢？平常無意識面對別人的「基本表情」，在他人的記憶中究竟如何保存呢？儘管自己想當個「和善的人」，但是在現實中，很可能以「不愉快的人」的印象留在他人記憶中，所以要儘可能成為與笑容聯想在一起的人。

在路上無意間遇到認識的人時，自己當然會和顏悅色地說「你好」。但是不久之後，對方向別人形容你時卻說「那個人好像沒什麼精神呢」，這恐怕是始料未及的事情吧。說不定你今天遇到的人，正說你「感覺缺乏元氣」。

但是為什麼會這樣呢？因為心裡想要表現「和顏悅色」的樣子，但是實際上看起來卻不是這樣。儘管自己想笑，但是笑容沒有浮現在臉上。就像有種形容是「眼睛沒在笑」，**人對於自己的笑容通常缺乏自覺**。

正如日語從「笑容滿面」到「淺笑」，各種形容都有，人的笑容也有各種各樣的層次，從只牽動一小部分的微笑，到運用全臉的大笑都有。但是人平常很容易忘記這些。大家應該沒什麼自覺，在路上偶然遇到認識的人時，自己臉上的笑容究竟達到百分之幾的程度？人只會自動露出自己的基本笑容。其實有很多人的笑容在三〇％以下，還沒達到「和顏悅色」的程度。儘管想到要牽動臉部肌肉，但是如果別人看不出來就沒用。建議各位對著鏡子練習，讓臉部自然而然呈現**明顯的**「**笑意**」。

所以，如果可以的話，儘量練出八〇％以上的笑容。在遇到別人的瞬間，對方會覺得你「好像很有精神，感覺很幸福，看來是個好人」。會讓人一看就喜歡的笑容至少要超過八〇%。滿臉的笑容自然有相應的效果，甚至能讓印象產生一百八十度的轉變。

與人相遇的瞬間，要儘量露出超過八〇%的笑容……請記住，光是這樣就可以讓自己綻放光采，令對方著迷。所以請好好地展現笑容。

rule 73

培養「優雅」最快的方法

無論誰突然來訪，都能從容應對的日常。

你珍惜在家的時光嗎？是否只將心思與預算，花費在外出時的自己？對於在家時的自己只草率應付，這就是造就「粗枝大葉的女人」的原因。

所謂得體神情舉止所蘊含的美感，最終是由在無人旁觀的家中如何渡過而決定。

總之，希望各位購買美麗的居家服與上等的浴袍，還有漂亮而且好穿的室內拖鞋。雖然不至於建議在家裡也要化妝，但是希望能過著不論誰來訪，都不會感到不好意思的日常生活。

這就是培養「優雅」最快的方法。

rule *74*

如果希望自己看起來有品味……

就要以「打扮樸素卻亮眼」為目標。

良好的品味，勝過美貌——我覺得這麼說也不為過。至少在過了五十歲以後，比起美貌，品味更吸引目光。跟「看起來年輕的人」相比，有品味的人更受到尊敬。因為沒有什麼像品味能持續一輩子，而且到了一百歲還讓人看起來還是很美。女人無論如何都應該琢磨品味。

擁有品味的確是一種才能。當然不是那麼簡單就能具備。不過，我來介紹讓自己看起來有品味的一種祕訣，就算從現在開始也不遲。那就是尋找乍看樸素，但是穿在身上卻顯得亮眼的衣服。

樸素卻亮眼？這究竟是什麼意思？舉個極端一點的例子，喪服可說是全世界最樸素的衣服，但實際上卻很醒目，隨著穿法不同，看起來可能很華貴。當然喪服歸喪服，但是所謂樸素卻亮眼，也就是這個意思。那些掛在衣架的衣服，看起來明明毫不起眼，但是穿起來卻令人驚訝。如果再搭配一樣配件，就會忽然變得很華麗。能夠選出這樣樸素又華麗的搭配，也就是所謂的品味。譬如設計看起來很普通，顏色也只是灰色，但如果是質料很好的上等衣物，乍看雖然樸素，但其實卻很亮眼。甚至反過來說，就算設計與配色都很搶眼，但布料與作工感覺都很廉價，反而顯得平庸。這是已成熟的人最不應該選擇的類型。

而且，就像「清純卻又性感」，將兩種相反的要素結合起來，在品味方面需要相當心思。基於同樣的理由，在買衣服時，請好好留意。位於兩極的兩種要素，是否融合在同一件衣服上？

總之，即使穿著樸素的衣服，看起來卻很亮眼的人，就擁有絕佳的品味。建議各位能試著以此為目標。

rule
75
在巧遇他人時，想著「真高興遇見你」也會「重返年輕」

想著「看到你真高興」、「遇到你真好」。這麼一來表情就會變得不可思議地美麗！

有位朋友，不論在異性或同性之間人緣都很好。她是位知性的美女，而且每次遇到她時，她都會說對於相遇感到「很開心」。或許這就是她受歡迎的理由。

仔細想想，在英文中最常見的慣用句包括「Nice to meet you.」或「Nice to see you.」，隨著這句話加上握手或擁抱，或多或少也傳達出彼此為見面「感到高興」。不過在日語中沒有類似的招呼語，通常在「好久不見」之後，接下去是「關於今天的天氣」，不太容易表現喜悅。

所以人的印象有一半以上是由「**見面時表現出喜悅**」的程度或形式決定。

原本人的印象就不是很確定，就像有時候原本「感覺不好的人」，在街上偶遇交談之後，就覺得對方其實是好人，印象會在一瞬間轉變。正因為如此，在相遇時瞬間的感情比什麼都重要。

總之要想著「看到你真高興」、「遇到你真好」。這麼一來表情就會變得不可思議地美麗，眼睛有神，外表年齡一下子就年輕五到十歲，的確是相由心生。要記得遇到人時，要表現樂觀，甚至能簡單地說出「很開心」，這麼一來，與人相遇時，一定會獲得「看起來變漂亮了」、「變年輕了」的評語。

當然一定也有不想遇到的對象吧。但如果「不想見的人太多」，人一定會變得消沉，印象會變壞。所以要記得在與人相遇的瞬間，給人良好的印象，總是把與人相遇當成「一期一會」。因為有些人以後可能不會再見，所以不論對方是誰，要把與人相遇當成「人生的喜悅」，這也是一種重要的美容方式。

rule
76

寫下今年的目標吧！

選好三個「今年的課題」，是為自己準備的年初美容。

小時候，大人會半強制地要求寫些「今年的希望」。譬如「今年不要再遲到」、「今年一定要考取英文檢定考」，或者甚至像「從今年起絕不會說謊」這類事項。總之就是勉強擠出目標。等到成為大人之後，理所當然變得不太會去想「希望」之類的事。

不過也有這樣的人。在年初寫下新年的「希望」，在月曆的每一頁，預先寫下十二個願望，並且徹底養成習慣。在年中看到這些目標時，如果還沒實現就覺得不自在，會認真執行。幾乎到了如果沒有「希望」就活不下去的程度。據說這已經成為生活的軸心。

大人們到了年末的時候，的確會訝異於一年有多短暫，「什麼事都沒做，一年就過去了，真不甘心」。然後發現這不是自己給自己訂的，有期限的作業嗎。自己在這一年將做哪些事？一年之內究竟能完成什麼？如果在年初時就已經先決定好，這一年的充實度的確會有所不同。也不會感受到年末的空虛。最重要的是將課題逐一釐清，漸漸地一定不會再感到人生的無常。

「今年一定要徹底進行整頓！」、「今年要好好孝順父母」、「今年一定要談戀愛」、「今年要瘦三公斤」。無論如何，不管什麼樣的課題都好。所以給自己訂三項作業吧。譬如關於家裡、家人、自己本身的事各一件，合計三樣。如果像小孩一樣真誠地面對，「今年的希望」就會成為充實人生的絕佳方法。

rule 77

準備工具是產生行動力的祕訣！

「從工具開始著手」，絕對是讓人生變得有趣的祕訣。

我們人其實非常單純，譬如要是買了「漂亮的雨鞋」，原本最討厭的「下雨天」，忽然會變得令人迫不及待。有句話叫「從工具開始著手」，從工具獲得鬥志或力量的例子其實很多，所以絕對不能小看工具。「將工具準備齊全」，可說是產生行動力的祕訣。

「從工具開始著手」當然隱含著揶揄的意思，表示「雖然還不懂什麼技術，但是工具倒準備得很齊全」，不過反過來透過工具學會技藝，領悟到趣味的例子也不少，的確是存在著從工具進入某個領域，展開興趣的「類型」。所以最好想著首先從工具開始。不是要逼迫自己「不可中途放棄」，正因為想早點領悟到其中的精髓，所以最好先儘早找到優良的工具。

譬如買了好的廚具，就會更享受做菜，廚藝變得更好，一定會把下廚當成興趣。不可思議的是，現在「工具」本身的進化就很驚人，可說是工具培養人的時代。有人因為買了一台攪拌器，後來成為料理研究者。有人因為室內佈置添購畫架，後來重讀大學，學習油畫技法。還有人買了一整套高爾夫球具，由於這個契機後來跟球友結婚。

不，包括這類事情在內，工具還會不知不覺幫我們開創人生。道路自然會出現，帶領我們前往意想不到的地方。人生變得有趣，漸漸地變得越來越豐厚。所以，首先要從工具開始。這時請盡情地從工具著手吧。

rule 78

以微小的感情取代「生存意義」

每天體會喜怒哀樂當中的一種心情！

「你的生存意義是什麼？」聽到這樣的問題，應該沒有多少人能夠立刻回答吧。而且嚴格說起來，就算現在能說「工作是我的生存價值」、「小孩是我生存的意義」，隨著時間變化，工作內容也會改變，孩子長大以後也會離開身邊。也就是說，「生存意義」多半無法持續一生。所以更應該從人生的轉折點，先懂得更輕鬆地在日常生活累積「生存意義」。

當然真正說起來，如果擁有持續一生的興趣最好，不過也有很多人一直找不到這樣的生存意義。所以請各位先記得，「喜怒哀樂」等日常微小的感情，會轉變為生存的氣力。受到別人讚美「好漂亮」，有人表示感謝說聲「謝謝」，或是跟別人一起說「好開心啊」，只要多留意，自然會瞭解「生存的充實感＝生存意義」。不過各位可能會感到奇怪，為什麼還包括「喜怒哀樂」的「怒」與「哀」？當然，並不是所有的怒氣或悲傷都會轉變為生存的氣魄。不過至少「出於正義感的憤怒」或是「因為關心對方所以感到悲哀」，的確會直接轉變為活下去的能量。

如果進一步說明，看新聞時感到憤怒，或是看悲傷的連續劇、紀錄片時流淚，都帶給我們與喜悅或快樂不同面向的「生存的意義」，也幫助我們釐清讓細胞保持活力、自己繼續生存下去的意義。所以一天要體會一種喜怒哀樂的情緒。

當然，如果這種感情能與其他人分享更好，最重要的是保持心動。過著讓自己有所感動的日子吧。為了讓自己充滿活力，而且更有力量地活下去！

rule 79

化妝品是「越貴效果越好」？

如果便宜的化妝品好用，將會三倍有效。

當今這個時代，連食品也會因為「特別貴所以賣得好」。不過光把價格訂得很貴也沒用，生產者與消費者之間要建立無形的信賴關係，才能成立。化妝品也是一樣。「越貴越有效」是事實，的確在過去，只要感覺高級的東西就能制訂昂貴的價格，但現在必須充分含有稀少而且昂貴的成分，或是採用最先進的研究開發成果，才能居於高價位。所以現在「越貴效果越好」的想法確實沒錯。

不過以化妝品來說，難免有百分之幾屬於「暗示效果」，從科學的角度也獲得了證實，也就是「相信自然有效」。如果將普通的水裝進「化妝水的瓶子」，有不少人試用後感覺潤澤、而且很有效，覺得滿意。也有研究成果顯示，「高價的產品」具有相對的暗示效果。

這麼說來，化妝品如果太便宜，似乎反而會產生「感覺沒效果」的心理作用。不過，也有這樣的想法：藉由價格只有一千日圓的化妝水，如果明顯讓肌膚變得更美，由於效果超出預期，據說喜悅會增加三倍，連細胞也受到心情的影響，說不定會變得更漂亮。而且如果是廉價品就不會捨不得，由於充分使用所以能達到效果，毫無疑問的確有這樣的情形。

當然如果不花錢就能變漂亮，那是最好的，而且還能獲得從高級品中得不到的成就感。所以如果可以的話，最好奢侈高級品與一般廉價品兩種都買。價格不上不下的產品反而無法令人感受到暗示效果，還是不要浪費錢比較好。

rule 80

在一天之中，心情最穩定的時刻應該是打扮的短暫時光

從容地把自己打扮好，也會讓遇到的人覺得安穩。

人的「裝扮」每天都不一樣。譬如髮型沒梳理好，的確是「外觀」不理想的日子。總覺得一整天都提不起勁，如果工作結束，或是事情辦完了，就會想趕快回家。相反地，要是髮型或化妝、衣著都很漂亮的日子，就不會想直接回家，否則有點可惜。想讓別人看到自己漂亮的打扮，這就是女性特有的心思。

而且不但如此，在打扮得好看的日子，一整天不論面對什麼場合都會覺得有自信。在沒有好好打扮的日子，好像總想避開其他人的目光，希望這一天快點結束。所以如果從「一天的密度」來思考，將形成很大的差別。要是想到「一天的重要性」，像這樣渡過讓自己後悔的一天，可說是人生的損失。但是如果早上稍微花點時間打扮，又會如何呢？

不只這樣，還有「早上睡到最晚一刻起來，慌慌張張地換上外出服」跟「有充分時間好好打扮」的差別。不只是「花費的時間」不同，要知道內心有沒有餘裕，也會影響到接下來一整天的美感。也就是說，從容地把自己打扮好，也會讓遇到的人覺得安穩；相反的，在慌亂與焦慮中準備出門的自己，說不定會讓這一天遇到的人感覺不愉快。

所以，可能的話早起二十分鐘，甚至十分鐘也可以。為了讓自己氣定神閒地打扮而提早起床。誠心向各位推薦可以改變人生的「稍微早起」。

rule 81

只要這樣做，連所說的話都會改變！

在聲音裡融入「氣」，讓氣在全身循環。

比起臉上有沒有皺紋，對於年輕的印象影響更大的是「氣」。「氣」雖然無形，卻可以透過譬如挺直的背、眼神等看出來。那就是元氣、生氣或氣概在體內循環的狀態。不過，比起背脊和眼神，更能直接傳達出「氣」的力量，讓人看起來充滿活力的，或許是聲音吧。也就是聲音帶有力。聲音有彈性、顯得滋潤、滑順、帶有透明感……

在年輕時還沒關係，有點沙啞也好，聲音小或音質稍微有點欠佳都沒關係。不過肌膚要是變得感覺有點衰老，希望各位能鍛練自己的聲音。的確音質是與生俱來，但是透過「氣」的量可以大幅改變聲音的音色。只要貫注「氣」，聲音一定會帶有彈性與光澤。換句話說，如果聲音蘊含著氣，身體裡就會有氣循環，不論背脊或眼神都可以看得出「氣」，自己也會變得生氣勃勃。而且不可思議的是，音質控制得當，用字遣詞也會變得體。女性光是這樣，看起來就更美。

隨著歲月增長，聲音好聽與否也成為美人的條件，或許就是因為這個原因吧。實際上只透過聲音悅耳的程度作評價，不可思議的是，似乎跟「外觀的美感」的評價有一致的傾向。

儘管如此，音質也可以隨著意識改變。光是藉由「氣」的力量，就會亮麗光輝。也會使人成為美女，看起來更加端麗。所以希望大家留意，讓聲音蘊含著氣。每一句話都用心地發聲。

rule 82

身材走樣的人跟保持良好的人，就差在「內衣與運動」！

「內衣與運動」會維持體態，使人看起來不會顯老。

經常聽到有人說：明明體重沒有增加，看起來卻變胖了……這意味著「體型的老化」。隨著年齡變化，身上的肉位置也有改變的跡象。各位是否有這樣的經驗？一直以來穿的衣服忽然變得不合身了。衣服的某個部位浮現皺褶……這也是體型變化的徵兆。肉在意想不到的部位移動，會帶來超乎預料的困擾。

體型無法像臉部的皺紋一樣每天確認，所以容易漸漸地走樣，所以一旦發現時，往往已經很嚴重。即使人會自覺到腹部的肉有相當厚度，但是對於屁股或胸部發生變化，通常不容易察覺。而且這些慢慢進行的移動，除非脫下衣服，否則也看不出來。所以沒穿衣服時，更會深刻地感受到年齡。話雖然這麼說，但是發現變胖就想減肥並沒有太大意義。我所想到的是：運動與內衣。內衣可以維持調整體型，運動可以讓鬆弛的肌肉稍微緊實……當然不論哪一種，都應該立刻進行。

反過來說，也有人「體型幾乎沒什麼改變」。體型變化是種宿命，不過就算到了四十幾歲、五十幾歲，也有人三圍都沒有改變，還可以像以前一樣穿著同樣的衣服。「肌膚年齡」也一樣，衰老的程度因人而異。那麼，身材走樣的人跟保持良好的人，究竟差別在哪？其實同樣是「內衣與運動」。

「運動」不難明白。隨著運動形成適度的肌肉，可以防止身上的肉下垂，還可以保持身體的曲線不走樣，這是當然的事情。不過還有一件事，內衣也是重要的祕訣，希望各位明白，好好選擇適合自己身體內衣的重要性。

也就是說，內衣穿在身上有些鬆垮，或是太緊把肉擠出來，都會讓體型提早老化。所以如果發現的話，還不太遲。讓肌肉保持在應該的位置，穿著適當的內衣好好地把身體包起來，然後讓身體重新記得應該的位置與形狀。請務必更強烈地意識到這一點。

而且，光是看到自己穿著美麗的內衣，本身就是種抗老。比起裸體時，女性在穿著內衣的時候顯得更有魅力。所以在穿著貼身衣物照鏡子時，請穿著會給自己帶來自信的內衣。因為穿著自己都會看得著迷的內衣，也是種祕密的抗老方式。

無論如何，內衣可以讓自己的身體更美麗，同時也可說是讓自己覺得充滿女性魅力的唯一手段。所以，只要正確地穿著美麗的內衣就沒關係。曲線不會走樣，也不會變老。內衣對於身心雙方面的抗老，可說是具備了相當的力量。

rule 83

所有的事情都是有意義的

無論好或壞，都是不可取代的經驗。

即使遇到重大失敗、遭到背叛、面臨無法振作的辛酸，也請這麼想：

「所有的事都有意義」。

不論多壞的事，對自己的人生都是有必要的。為什麼會發生這樣的事情？以後有一天會明白：原來如此、是這個原因啊。

實際上是這樣。以後一定會明白。彷彿解開謎底一樣，瞭解發生的理由。

你將明白，所有的事情對自己而言，都是無可替代的經驗。

rule
84

因為習慣，所以容易忽略

在邀請朋友時，要想到「自己家的垃圾不易察覺」。

你可曾有過這樣的經驗？去拜訪認識的人家裡，注意到房間角落的灰塵與盥洗室裡掉落的頭髮，像這類事情……如果灰塵只有一點點，頭髮只有一根，我想還在容許範圍以內。儘管如此，卻特別令人印象深刻，因為別人家的垃圾看起來有三倍大。

不僅如此，在旅館住宿時，就算看到某處有丁點塵埃、頭髮一根，一定會覺得震驚，甚至憤怒吧。對於選擇了這家旅館也會感到後悔。因為旅館的垃圾，看起來會**放大十倍**。

但相反地，自己家的垃圾卻不容易看到，就算是愛乾淨的人，發現房間角落裡有灰塵，看到一兩根頭髮，心裡想著：啊，非打掃乾淨不可，也會忙著先做別的事。後來也就看習慣了。譬如對於自己的住處，在剛搬過去時只要地板或牆壁有點小小的污漬都覺得反感，但是過一陣子就習慣了，也是同樣的道理。

所以在招待別人來家裡的日子，一定要特別注意。必須先作好心理準備，地毯或牆壁上的小髒污，在初次來訪的人眼中都特別顯眼。而且由於第一次招待時特別緊張，就算打掃乾淨，同樣的訪客來過兩三次以後，會比較鬆懈，於是垃圾變得比較不明顯。

家就像一個人本身。家裡的垃圾，可說是自己的髒污。更不要說看慣了家裡的垃圾，那樣等於是自己變得衰弱。請務必記得這個道理。

rule 85

跟臉相比，身體的細微變化更早顯現出老化！

一定要注意身上的每個角落。

女人的身體透露出許多訊息。所以不論以正面或負面的意義，只要稍微有點「外表上的變化」，對一個人的印象就會造成很大的改變，各位一定要有更強烈的自覺。

譬如膝蓋因為變厚而凹凸不平，看起來像「臉」一樣；腳踝如果有點皺紋，光是這樣也會跟「老化的印象」形成關聯；腳踝以下發生的變化，譬如穿著鞋子時，指甲肉顯得有點擠，光是這樣看起來就老了五歲；或是腳踵看起來扁平而且有點變方，也會看起來老了五歲……要知道所謂老化的感覺，就隱藏在身體的微小部位，非常細微的地方，

而且如果膝蓋上浮現像臉一樣的凹凸起伏，就已經不能再穿長度在膝蓋以

上的裙子；要是腳踵形成方角，就不能再穿露出腳後跟的鞋款……希望各位不要像這樣，在打扮上變得消極，覺得或許「不知道就沒事」。大家最好還是要瞭解，身體的細微部位所隱藏的老化感。

首先最明顯的老化，出現在下巴。沒錯，下巴比臉還更早老化，如果從下巴尖端到連接脖子的地方這條線，角度超過九十度，立刻看起來就老了五歲。另外，手臂的粗細也很重要。不只是上臂鬆垮的問題，如果手肘彎曲時看起來並不尖，或是從手腕到手肘看起來不是一直線，視覺效果就老了五歲，手臂上些許的肉跟年齡有關，比起腳更是年輕的關鍵。

隨著年齡增長，身體的變化無法避免，但是如果對各種發現都置之不理，很快地衰老的感覺會加總起來，頓時顯得更老，請大家先瞭解這個事實。所以，請用心注意身體的每個角落。

rule 86

讓自己感覺耀眼、維持不老的關鍵，就是展現個性美！

到底要有型或可愛，過了五十歲之後，從兩者選一，將是不老的關鍵。

你可曾注意過，隨著年歲增長依然散發光彩的人，究竟屬於哪一種？是「有型」還是「可愛」？不用說，萬田久子①或夏木麻里②，毫無疑問屬於前者。而松田聖子或小泉今日子，則是分外可愛。

反過來說，只要缺乏其中任一種鮮明的特質，感覺似乎就變得存在感淡薄。當然大前提一樣都是要「高雅」，但是讓自己感覺耀眼、維持不老的關鍵，當然還是展現個性美。如果不上不下，看起來難免有些粗野。這或許就是上了年紀吧。

在年輕時，如果能自在地在有型或可愛之間轉換，當然很好。但是隨著成

①1958年4月13日出生於日本大阪，是日本的一個演員，在日本有美魔女之稱等。

②1952年5月2日出生，為日本演員、歌手。

熟之後，體型與輪廓的印象都大幅走偏。其實應該說，只要擁有其中一種鮮明的印象，就不顯老。

成熟女性如果沒有明顯的這類特質，可能會變得過於威嚴，或是相反地面露貧乏、寒酸相，不論哪一種都不是合宜的特色。這或許可說是老化的原因。選擇完全不同的標準，譬如有型、可愛，可以將這類老化的印象徹底消除。

如果肌膚與體態都保持良好，而且適合休閒與有時尚感的衣服，就是有型。相反地，假設印象比較豐滿、柔和，適合保守的服裝或裙子，那就是可愛。方向會自然地決定。希望各位在六十歲以前，選擇究竟要哪一種。

想要一直保持年輕，持續綻放美麗的光彩，這是令人意外的祕訣。

rule

87

人類的潛在能力，有九〇%以上在沉睡！

年過四十，其實所有的人都有老花眼，正因為如此，建議不要戴老花眼鏡。

我的母親已經八十幾歲了，卻幾乎不戴老花眼鏡。不借助眼鏡，照樣閱讀報紙、書籍，而且還畫畫。只有在穿針線的時候，偶而難得戴上眼鏡。前幾天還說，即使沒戴眼鏡，穿線也「成功了喲」。不過為什麼她可以做到呢？因為她平常就不戴眼鏡。

人覺得看不清楚字時，通常會想配老花眼鏡，但是對於經常讀書的母親而言，她覺得把眼鏡壓在鼻子上閱讀的樣子很難看，所以最後幾乎沒在使用。的確，從四十五歲以後看書變得相當吃力，但她照樣不戴眼鏡。還說，這麼一來，看得比以前清楚。

到現在她八十幾歲了，還是很少用到老花眼鏡。所以我也一樣，決定一直不戴，到現在不用也覺得無所謂。

據說「人類的潛在能力，有九〇％以上在沉睡」，事實的確如此。假設不依賴眼鏡，很認真地看，據說沉睡的潛能會甦醒過來。

當然，這個原則不一定適用每個人，我和母親只是正好符合而已。不能否認，勉強地看也會造成壓力，所以並不建議大家照做。雖然不見得可以採用，只是想讓大家知道，就算不依賴物品，自己也有許多不衰竭的潛能，自然會幫助達成目標。

rule 88

究竟該在什麼時候，以及如何使用體重計呢？

推薦大家不會造成壓力的「憑感覺測量的節食」。

如果持續只吃一種食材，或是「不攝取碳水化合物」的偏食型節食，就算瘦下來對身體也不好，並不是能長期維持的辦法。如果想透過「飲食」變瘦，記錄所攝取的卡路里是最好的方法，不過也需要恆心才能持續下去。結果藉由量體重控制的老方法，說不定是最實際的。

的確，如果每天定時量體重，就能看出怎樣會胖、怎樣會瘦的法則。而且只要胖了一公斤，減少攝取一公斤體重分量的卡路里與食物就好，很恰當。不過據說如果真的想變瘦的話，不要太頻繁地量體重比較有效。

採用「體重計節食」，很容易一天量好幾次體重，這時甚至會為一百公克單位計算的數字患得患失。腦海裡一直想著這件事，用餐變得很無聊，而且會累積壓力。如果想更有效率地運用體重計，反而平常不要使用。雖然不量，但是以「理想體重」為目標，覺得大概減輕的時候再試著測量。當然有時成功也有時失敗，但是這樣也好。如果「失敗」的話會更努力減重。努力之後又會想快點量體重。這樣的心情會讓瘦身變得更正面，而且意外地不會累積壓力，能夠漂亮地變瘦。

也就是想吃時就吃，就算覺得變胖了也先不量體重，自己意識到這點，減少攝取卡路里，等待敢測量的自信恢復。雖然有點不安，但也因此感到期待，有點開心。這更像是在磨練自己對於體重的感覺。不受體重計的支配，「在達成目標之前不量體重的瘦身法」也運用了自己的心，建議各位試試看。

rule 89

讓自己有條理且不邋遢

成為在必要的時刻，能迅速遞出面紙的女性。

還記得小學時代，學校裡有「隨身攜帶物品」檢查嗎？不是看有沒有帶不該帶的東西，而是檢查有沒有準備該攜帶的東西，譬如「手帕與面紙」。

或許是因為這樣，長大以後忘了帶手帕與面紙的日子，特別令人尷尬。這類攜帶物品該怎麼形容呢，彷彿印上「有條理地生活的標記」，同時也成為身為女性最低限度的禮貌，所以沒帶在身邊的女性是不及格的，甚至可說與邋遢的女人劃上等號。

而最能揭露這一點的，則是在同行的人當中，有人打翻食物或飲料時。身旁的女性之中，誰最先拿出面紙來？每一次都像輕輕地展開無言的戰爭。立刻拿出手帕有些不妥，遞出面紙才是女性的基本禮貌。所以如果沒帶面紙就不像樣，無法佔上風，感覺好像變成凌亂笨拙的女性，就因為少了一小包面紙……

更進一步說，如果有人好像連打了好幾個噴嚏，這時能不能毫無嫌惡地遞出面紙，不僅攸關身為女性的品味，而且對於他人來說，「隨身攜帶面紙的行為」更能毫無矯飾地使自己看起來更美。

為了以上原因，不論何時都一定要帶著面紙！「今天好像有點感冒，所以把面紙用完了」這樣的藉口沒用，攜帶面紙是種禮貌，希望各位勞記在心。

rule 90

光是隨著月亮的週期生活，就會使人更漂亮

每天抬頭看月亮，可以美容。

女性的生理週期，當然是平均「二十八天」。肌膚重生的週期基本上也是「二十八天」。而且不知道為什麼，月亮的陰晴圓缺也同樣是「二十八天」。自古以來，就有到了滿月之夜，分娩的婦女比平常多的說法，我想這不是偶然。

人體內有「生物時鐘」，隨著日出而起床，夜深時入睡，可以讓細胞變年輕，而且據說在晚上十點到凌晨兩點，肌膚新陳代謝效果最好的時段徹底入睡，就可以變漂亮，這就是地球的運轉對於人類生理有重大影響的鐵證。

所以，據說應該在滿月時進行「集中的照顧保養」，新月時進行「集中的清除保養」，這正是呼應月亮陰晴圓缺的「培養美肌的肌膚保養」祕訣。根據

生物動態（Biologisch-dynamische）研究的提議，如果從播種到收成都配合月亮的盈缺，農作物的品質會提高。這的確告訴我們，太陽與月亮的能源，為地球上的生命帶來看不到的力量。如果配合自然的週期，女人的身體也會形成「理想的週期」，或許可以這麼想。

月亮的盈缺絕對是一貫的。絕對不會亂掉。如果照著月亮時鐘的引導而活，在達到美膚效果之前，首先可以維護健康，並經常保持活力。所以，希望大家每天抬頭看月亮。可以的話，同時讓身體沉浸在「月光浴」。看著月亮不知不覺就覺得心靈受到滌淨，這一定是因為沐浴在月光下，可以淨化身心的緣故。只要隨著月亮的週期而活，就會變漂亮的說法是真的。各位一定要相信月亮的力量。

rule **91**

黑色是「一生美人」的顏色

女性在一生之中，應該持續穿著三種黑色服裝。

各位應該聽過「即使到了八十幾歲，仍然適合黑色的人的確是美人」這句話吧。換句話說，有些人不管到了幾歲，還能保持「美人」的自覺，或許正是對黑色有特別的執著。

在不同的年紀，黑色衣服代表著不同意義。在年輕的時候，沒什麼多想就穿著黑色的衣服，但是到了三十幾歲、四十幾歲，黑色忽然變成「方便的顏色」。在正好為贅肉煩惱或不知道該穿什麼、不知不覺想稍微打扮時，黑色衣物一定會讓人覺得很容易搭配。

不過隨著年齡繼續增長，黑色又忽然變成令人困擾的顏色，不知不覺間，穿著黑色無法達到「修飾」的效果。一穿上黑色，整個人就顯得暗沉。也可以說變得不適合黑色。

也就是說，一直持續對黑色的執著，可說是花費心思保養的證據。適合穿黑色，不論到了幾歲都是美女。所以如果年紀增長，最好抱持著相當自知與自信穿著黑衣。建議以三種黑色，依照三種風格穿著。

為了不讓黑色只是樸素的「暗色」，所以有三種風格。那就是可愛的黑、性感的黑，以及安靜的黑。譬如裙身柔軟、帶有些膨度的黑色連身裙，就屬於可愛。簡單而且設計極簡的黑色長褲，則顯得性感又有型。而無光澤的黑而且不搭配飾品，則像喪服般沉靜……不論哪一種黑搭配效果都很好，但如果是長年懂得穿黑色衣物的人，一定能達到這樣的境界。真正擅長黑色打扮的人，會確實區分這三類黑色的穿法。

無論如何，隨著年紀越大，最好對於黑色的穿法更講究。這是為了成為「一生美人」的自我約束。

rule 92

光是意識到「站姿」，就會顯瘦

譬如在月台等電車的數分鐘……

經常聽到「立如芍藥，坐如牡丹，行走如百合」。不論在哪個瞬間，什麼樣的站姿都很美，才算得上是真正的「美人」，因此對於這三種美麗的姿勢，希望各位要多加留意，好好展現出來。

以這層意義來說，最容易遺忘的是對「站姿」的要求。「站著工作」的人的站姿姑且另當別論，在日常生活中，站立的樣子是最常見的，但也最容易鬆懈。不論在超級市場等待結帳，或是在人行道等綠燈、等待電梯，以及在月台等電車時，許多人不自覺都會發呆，對於「站姿」缺乏注意。即使對「走路的姿勢」懂得稍加留意的人，對「站姿」卻不可思議地漫不經心，彷彿靈魂出竅只剩下空殼一樣，這究竟是為什麼呢？「站姿」出現的場合、所佔的時間，遠超出我們預期。光是意識到**這點**，女性的儀態就能明顯獲得改善。希望各位以芭蕾舞者作為榜樣。

首先，有所謂的「第一位置」，讓腳踵與腳踵對齊，與腳尖呈現一百八十度。將這個角度挪為九十度，讓某一隻腳稍微前移，看起來就不會不自然。光是這樣腳就會伸直，背會挺直，小腹也會收起，立刻塑造出理想的體型。

而且只要練習站姿，同時可以悄悄地收縮肛門……趁著別人不會注意時，在等待結帳或等電車的時刻，讓自己看起來更美，變得更漂亮。在維持站姿時，如果沒有擺好姿勢就覺得不自在，那麼不知不覺中體型已經改變了。人的身體其實這麼美妙，這也相當令人感動呢。

rule 93

不要忘了「受稱讚的時刻」

一定要找出「受到讚美的理由」。

人受到稱讚之後，一整天心情都會很好，但是這麼重要的日子，難道就這樣過去了嗎？「這件衣服好漂亮」、「那個髮型很適合妳」，以及「妳今天特別漂亮」。像這樣受到稱讚時，絕對不能讓讚美無聲無息地消失。為什麼會受到誇獎？對方是為了什麼，又是怎麼說的？別忘了逐一分析。

「這件衣服在哪買的？」對女性來說，這也是讚美的話。由於適合自己所以綻放光彩，讓對方在一瞬間也想購買同樣的衣服，所以可以當成更上一層樓的讚美。聽到「哪家的衣服？」，最好也好好分析，為什麼衣服會適合自己。

譬如是因為衣服的顏色？還是設計？領口的造型？在髮型受到讚美的日子，要找出跟平常不同的地方。光是瀏海稍微有點不同，臉部的印象就會大幅變化。總之不要放過受稱讚的原因。當別人誇獎自己「皮膚很漂亮」時，要探討究竟是因為化妝品或是食物，還是因為有「令人期待」的事情，發現造成關鍵的因素。嗯，說不定是因為當天使用的口紅顏色。

尤其最重要的是，當大家都一致誇獎「妳今天很漂亮」時，最好徹底追究決定性的理由，將受到讚美的原因牢記下來。因為透過這個方法，就會讓美麗確實地形成累積。讓受讚美的原因漸漸地成為自己的打扮風格，藉由反覆運用，養成習慣。

而且很少受到讚美的人，要養成**先誇獎別人**的習慣。因為最後一定會回歸到自己身上。

rule 94

對人而言，最大的壓力來源是「人」

培養「包容的心」也可以減緩老化。

在同一個辦公室中，有不好相處的人。在同一個圈圈或團體裡，也有不懷好意的人……像這樣，有「討厭的人」，結果反而像喜歡上對方一樣，**一直想著**跟這個人有關的事。明明不去想最好，卻又無法忽略。或許因為這樣的關係，完完全全被這個人的存在所困。一直受到糾纏，彷彿成為某種俘虜。

這對身心都是非常不好的狀態。對人而言，最大的壓力來自於「人」。尤其是打從心底嫌惡周遭常見的人，恐怕承受的壓力更重。所以建議各位這樣想：首先，那個討厭的人，一生中只會在某一時期出現。因為無論是自己的人生、對方的人生，還是這整個世界，全都不停地在變動。如果能夠忍受現在這個時期，事態一定會改變。首先具有這樣的信念很重要。**擁有寬容的**心是最大的祕訣。

當然，如果能抱持寬大的心胸，發現對方的優點是最好的。但是如果已經為對方深感困擾，恐怕難以做到。不過還有一個方法。對於討厭的人、麻煩的人、若無其事出口傷人的人、傲慢又自私自利的人……反正如果身邊有這些類型的人，請這樣想：「這個人的靈魂還很年輕，轉生為人只有一、二次而已」。

相反地，能夠懂得對方的心思，而且會察言觀色，不給別人添麻煩的人，肯定轉世過無數次。由於在世為人的經歷多到幾乎數不清，擁有成熟的靈魂。

所以可以的話，對於未成熟的年輕靈魂要儘量寬大，就像原諒小孩一樣。如果是年紀大許多的上司，應該就會原諒對方吧。的確，擁有成熟靈魂的人，從小時候就能看透事物的本質。如果覺得自己的父母在精神上比較像小孩，就想成那是因為父母生為人的經驗還很少，擁有未成熟的靈魂。如果這麼想，一定就能原諒父母。將這個原諒別人的方法先記下來，人生會變得很輕鬆。

不論如何，如果討厭人，沒有辦法就是討厭，只是徒勞浪費能量而已，也耗損自己的生命，請將這個道理謹記在心。

rule **95**

讓每個早晨都愉快

讓每天都好好地開始，就是最佳的抗老方式。

早晨一醒來，對一切都很期待……有些人的確如此。總是保持積極，面帶笑容，而且好像一直很幸福。如果你真的這麼想，其實這些人正在教你如何好好渡過人生。

早上剛醒來時究竟在想什麼，正表現出這個人的狀況。如果感覺有點憂鬱，就試著找出原因，直到早上變得愉快。而且，晨間憂鬱的人到了晚上也難以入睡，所以會形成惡性循環。

「早晨就很愉快」是最佳的抗老理由。

rule

96

光是這樣的想法，就能讓身心的痛苦消失？

向上再向上，讓靈魂提升。

譬如在覺得疲憊不堪的日子，彷彿拖著沉重的腳步行走，這時很容易想起憂鬱的事情。於是身體又感到更沉重，形成惡性循環。

某天我走累了，從膝蓋到小腿、腳底都感到痛時，無意間想起前述的「模特兒走法」，專業指壓師傅曾告訴我「彷彿頭頂有某種東西懸吊似地走路最好」，於是嘗試看看。我邊想，這是走路好看的基本步法，所謂能緩解疼痛，恐怕只是自我安慰罷了。不過這並不是理論而已。如果不實際上試試看，絕對不知道是什麼感覺，但是真正試過之後，我覺得很驚訝，真的立刻就緩和痛感，腳步感覺變輕了。明明不可能有這樣的事，但體重彷彿減輕了十公斤。感覺彷彿換了一個軀體。這正是氣與身體的關係。

而腳痛與疲勞都瞬間消除的原因，這恐怕是因為靈魂彷彿從下往上移動，意識也從消極變得積極。如果把嘴角上揚，雖然是裝出來的笑容，但是不知不覺卻會讓心情變好，煩惱與壓力彷彿也都消除了，這也是同樣的道理。在走路或與人交談時，讓靈魂持續向上，意識也變得積極……光是這樣就能讓身心都變得輕盈，洋溢著活力。

反過來，如果覺得疲憊就會真的很疲憊，全身的痛不知從何處襲來……希望各位明白，這樣的原理也適用於自己。像這麼簡單又迅速的抗老方式，恐怕很少。這不是在自我安慰。想像著靈魂「向上向上」，真的會不可思議地，消除全身的痛楚。這就是人體的奧祕。

rule 97

不要害怕「停經」。誰說「從此以後就不再是女人」？

女人一生都是女人！

女性隨著年齡增長，會遇到的重大瓶頸就是「停經」。這麼說並不是因為「女性荷爾蒙的分泌大幅減少」。其實有很多經歷過的女性說「沒有特別重大的變化」、「好像什麼都沒發生」。在這裡我想說的是，「停經」這個字彙既有的印象，就足以形成束縛，成為導致衰老的主要原因。也就是「生理期」停止之後，就不再是女性。從很久以前就有這樣的說法，有不少人因為這類「傳言」本身，而消耗了自己的青春。

在過去，「四十幾歲」的年齡數字令人覺得「我已不再年輕」，因此形成衰老的原因，所以「傳言」奪走青春的例子並不罕見。而證據就是，現在的四十幾歲女性看起來還很年輕。同樣地，停經後的女性，現在也都還保持青春美麗。令人覺得這莫非是「女性最美的年紀」？停經後的女性印象，根本就是種「迷信」。

事實上，人體有許多優異的機能。如果女性荷爾蒙機能低下，還有其他荷爾蒙會迅速成為「女性荷爾蒙」的替代品。據說能夠提高生命力的ＤＨＥＡ，或是以睡眠荷爾蒙聞名的褪黑激素等，都能擔任這個角色。

無論如何，由於生理週期的問題，使得荷爾蒙紊亂，這件事本身就會帶來各種失常，「停經」之後荷爾蒙平衡變得穩定下來，反而沒有問題。只要不去注意已停經的事情，就不會感到沮喪，肌膚的狀況應該也會很好。「停經老化」是精神上的問題，如果為這樣的事情失去自信，那是再浪費不過的事情。

rule 98

女性在「排卵期」時最美

那是也最有魅力的日子。

在前篇提到，即使由於「停經」，女性荷爾蒙分泌低下，還會有其他荷爾蒙代替作用，女性的身體的確很神祕。還有其他關於女性荷爾蒙不可思議的事實，譬如因為「排卵期」而造成的現象，是其中最顯著的。

各位應該也注意過吧？女性在「排卵期」，不只是肌膚，整張臉都變得更漂亮。相對於生理期前膚質變差，痘子冒出，肌膚也變得暗沉，這是由於生理期即將來臨，黃體素分泌增加。相反地，「排卵期」濾泡刺激素分泌增加，肌膚的狀況變得很好，大家一定都發現到了吧。

不過雖然原理相同，但實際情形還是因人而異，很多人應該都察覺到這一點吧。另一方面，也有這樣的研究結果。根據美國某間大學所發表的資料，確實女性在「排卵期」不只是肌膚，連五官看起來也更美，聲音跟體味都變得更女性化，在比例上看起來更有魅力。有趣的是，這份研究是以男學生為對象作問卷調查，觀察女學生的變化。也就是在這一天，女性的樣貌最受男性喜愛。「排卵期」的美，正是為了留下後代，上天所給予的禮物。

這個原理跟孔雀開屏，展現美麗的羽毛相似。雖然後者是雄孔雀為了吸引雌性，但是不論哪一種，都是為了「保存品種」的求偶、展示行為。人類的女性在「排卵期」判若兩人地變美，說不定也是種求偶儀式。所以，每個月最美的日子，把自己關在家裡實在浪費。這多多少少是個受歡迎的日子，讓人多看一眼的時刻。因為難得，希望各位好好打扮後再出門。就像小鳥以悅耳的聲音鳴叫。

rule

99 即使下雨天也能心存期待

因此有「沒做完的事情」也是種幸福。

在假日時當然希望放晴。全職家庭主婦也會希望家人休假時是晴天，這完全不需要理由。不管有沒有預訂計畫，在週間原本不會特別在意「天氣的好壞」，但是一到休假天氣就會直接影響心情。只要有陽光，很單純地就會感覺幸福吧。

不過反過來，如果「沒有可以一起出門的伴」，說不定在休假時放晴會覺得有點生氣。不過既然一個人也想享受休假的晴天，如果可以的話，建議自己規劃散步或小型的搭公車旅行。因為對於假日的陽光感到怒氣，的確不太健康……

那麼，雨天的休假又如何？好不容易休假卻下雨時，心情沮喪該怎麼辦。

所以我想建議的是，先特地為下雨天預留「應該做的事」。

譬如整理衣櫥……在晴朗的假日就算有這個念頭，應該還是不會動手。可以先留下來。因為在晴天整理很浪費。悶悶地渡過雨天也很可惜。如果真的先留著準備再整理，由於心裡想著還有沒做的事情，休假時下雨心裡就會想著「太好了」，覺得很開心。

無論如何，晴天時要盡情地玩。將該做的事情先放下。這是享受雨天的決定性要訣。這樣就能成為不論晴天或雨天，都能樂在其中的人。

順帶一提，為了讓下雨的平常日也令人期待，可以購買可愛的長靴。這麼一來，自己不論在什麼樣的日子，都有值得高興的理由。能夠以這樣的方式生活，一定三百六十五天，每天都很有精神，所以會是個美女。

rule 100

所謂培養內涵究竟要如何進行？

具體舉例來說，譬如欣賞名畫！

只是照鏡子不會變漂亮。女性持續受到教導，培養自己的內涵也很重要。不過，所謂的「培養內涵」究竟要如何實現呢？這點到現在依然不明確。譬如，我們經常聽到「去看畫展」的提議。確實，知名的畫展的確保持盛況。因此為了「培養內涵」而造訪美術館的人應該不少吧。事實上，「欣賞傑作」可說是最知性的視覺美容，這個方法並沒有錯。

不過，各位是否只是在繪畫前慢慢地經過，「只是看過」就覺得放心了呢？當然也會產生剎那的感動，覺得心頭浮現了什麼，如果覺得這樣就有「效果」也好，但是那一瞬間的感動並不像聽音樂會那麼容易。繪畫欣賞如果沒有仔細地體會一張張的畫，很容易變得只是去過、看過而已。

有人說，去美術館時，每次只要從中選出一到兩幅畫，最多三幅。喜歡的畫，總覺得有點怪的畫，有時候會令自己感到抗拒的畫……不論什麼樣的理由，選出一兩張畫。

選好之後，調查畫作的背景。畫家為什麼要畫這幅畫，自己又為什麼受到吸引，希望各位探討這兩個原因。瞭解畫家的人生，就會更容易想像為什麼這個人要畫這幅畫。何況現在只要利用網路，就可以查到許多這類資料。找出答案之後，一定會想再去看這幅畫，於是才會首次浮現真正的感動。像這樣無可替代的邂逅，將會真正提升自己，培養內涵。像這樣的畫認識越多，不知不覺從內在流露出的美才會貨真價實。這正是屬於大人的內在美容。

rule 101

聲音好聽的人不論到了幾歲看起來會比較年輕

在電話中，要以比平常更動聽的聲音，說出讓人感覺更悅耳的話。

媽媽只有在接電話的時候，聲音會提高八度，家裡的孩子都笑她……這是常見的情景。一確定對方是家裡的人，就立刻降低八度，聲音變得比較粗，這的確有些滑稽，不過接下來我想說的，正是調整音色對於抗老也是重要的祕訣之一。

正因為室內電話的使用率劇減，接到不知誰打來的電話的機率也變得很小，我想這或許是個時機，重新檢討以高八度音說「你好，我是某某」的效果。

首先很單純地，講電話應該要比平常說話悅耳動聽兩倍。這不用說，由於對方看不見自己的表情，所以一定要用聲音語氣塑造出笑容，透過電話，平常講話的語氣可能聽起來會很冷淡，這點也必須要考慮。而且聲音本身如果像平常一樣，聽起來可能有點隨便，如果想給別人好印象，應該要盡可能以好聽的聲音說話。

通常刻意想以好聽的聲音說話時，表示本來不是這樣，感覺至少在接電話時，特意稍微美化一下也好。

也就是聲音將如何傳達給對方？像以前這樣，刻意以禮貌好聽的聲音說話，就像在美化自己的個人印象，所以很重要。如果總是以未經修飾的聲音說話，除了無法讓自己變得更美，也無法提升多少由用字遣詞與聲音決定的印象。

用字遣詞優美的人，不論到了幾歲還是會保持美女的印象，聲音好聽的人不論到了幾歲，看起來都會比較年輕。令人感覺印象加倍良好也更美，就算只為了這個理由也沒關係。所謂講電話時的抗老就是這麼回事，要美化用字與發聲。

rule
102

吃太多容易老化

保持八分飽能滌淨生命。

只要別吃過量就會瘦，雖然明知道這個道理，但是卻難以實踐。對成年人來說，這是最大的難題。不過自從知道一項事實之後，我更下定決心，以後只要吃「八分飽」。

那就是對照相同年齡猿猴的觀察結果，包括想吃就吃的猿猴，與受到限制只吃八分飽的猿猴。每個人都能預料到，兩者的健康狀況出現很大的差異，但據說讓研究者驚訝的是，兩隻猿猴「外觀上的差異」。彷彿猿猴中也有分看起來年輕與衰老的猿猴，兩隻猿猴的猴毛光澤與皮膚的顏色、輪廓的差距等「外觀上的年齡」，彷彿年輕人與老年人的差別。

即使想著，原來是這樣啊，但是看到這麼明顯的差別，的確造成相當衝擊。比起「只要少吃就會瘦」更具說服力。只要不吃過量，就不會變老。當我重新注意到這件事時，彷彿覺醒過來。

由於勉強節食本身與造成的精神壓力，可能會使人提早老化，如果沒有必要進行特別的節食，保持八分飽可以間接地達到抗老。聽說血液循環會變得流暢，身體獲得各種各樣的淨化。這種最容易實行的辦法，原來是維持美麗地老化的終極祕訣。

儘管如此，實現八分飽仍有些困難，所以我試著將飯碗替換成小碗。或許等到不覺得「這碗怎麼這麼小？」的時候，體內已經產生了一些變化吧。所以，如果想成是「讓生命變得更美麗、延長壽命的節食」，應該會更容易開始吧。

rule 103

擁有稍微超出自己能力範圍一點點的物品，這樣可以讓自己進化

選擇「稍微更好一點」是生存的祕訣。

就像在買房子的時候，會有兩種選擇。究竟要選現在買得起的「符合自己能力的房子」，還是就算有點勉強，還是要買「稍微有點超出能力的房子」。每個人首先都要從二者選一。不論是「符合自己能力」還是「有點勉強」，任何一種都會帶來痛苦。因為是一生必須負擔的選擇，可說是人生的「重大選擇」。

當然，對於與金錢有關的問題，不能提出不負責任的建議；但是如果可以說出自己的意見，即使有些勉強，我還是不想放棄「空間」。因為如果後悔了，對於較窄的空間也無法改變。而且有句名言說「天花板高的家屋，可以培養『人材』」，所以居住空間的確會影響人的意識。如果是這樣的話，現在符

合自己能力的家，其實並不是最適合的。因為一定會與自己的發展相關。如果「剛剛好」未來會感覺受到拘束，「有點勉強」則會在不知不覺間因為自身的格局放大，很快就不會再感到勉強。

像首飾這類「終生持有」的物品也一樣，可以選稍微貴一點的。因為現在符合自己經濟能力的飾品，過了幾年隨著職歷的累積，可能變得有點不適合，反而感到後悔，如果考慮不周，將來可能會讓自己覺得受到拘束。

房子或首飾，其實更像是每天對自己展現到底要擁有多大的格局，所以選擇「稍微更好一點」是生存的祕訣。因為究竟是要繼續努力讓自己進化，還是選擇放棄、變得更為侷限，人生其實總是在這兩者之間作選擇。

rule 104

讓每天產生豐富的變化，也是一種有效的抗老方法

人生的選項、節日較多的女性，不可思議地不容易變老。

人們常說，年輕時明明是「一天很短，但一年很長」，但是上了年紀就變成「一天很長，但一年過得很快」。反過來說，如果覺得「今天跟昨天都一樣」，一年好像變短了，這種現象本身就是一種老化。所以如何讓每天產生豐富的變化，也是一種有效的抗老方法。

所以請各位重新想起一年的各種節慶。原先是祭祀神明，祈求豐收與無病息災的儀式，到了現代，雖然已變成一種可有可無的選項，但或許可以當成讓日子過得更豐富的途徑。

近年來，重新正視這類節慶的呼聲越來越高，而且與重視健康及心靈的潮流融合，但是不論目的為何，如果好好地遵照這些習俗，會讓人不可思議地變

得朝氣蓬勃。除了家人的感情變得更融洽，如果呼朋引伴，節日的氣氛會更濃厚，塑造出跟往常截然不同的日子。說不定比起慶祝某位成員的生日，更能讓大家都樂在其中。

在女兒節裝飾桃花，七夕準備笹飾，中秋節時賞月，甚至更簡單一點，在元月七日吃七草粥，土用丑之日吃鰻魚，節分之日吃惠方卷，只是重視這些事情就會讓每個月變得很忙，為生活帶來彈性。更何況藉由進食祈禱，光是這樣就會讓人充滿幸福。原先始於宮中的年中節慶，能讓人們的身心不陷入僵硬，這可說是前人的智慧吧。人生能夠「為了愉快的事情忙碌」是最理想的。如果覺得一個月很長，一年也很長，好好地慶祝節日，就不會變老。這也是讓自己保持年輕的祕訣。

rule

105

對在街上看到風姿獨具的白髮七十幾歲女性，感到憧憬……

像這樣的人，將在年老時依然美麗。

你欣賞什麼樣的人？在街上會被什麼樣的女性吸引目光？這些都是非常重要的要素。欣賞有兩種，首先是單純地對他者作出評價，作為理想的目標欣賞對方，坦率地承認他人的優點或美感，流露出謙虛的心態；但是超過嚮往的程度，希望自己「成為對方」，可能會變得喪失自我、自我否定，或許是種不太理想的方式。

讓嚮往停留在欣賞的層次，對自己可能會帶來正面的作用。希望各位知道，嚮往也就是尋找自己理想中的事物，而且在設定目標時，也將成為良好的基準。

以這層意義而言，當然要欣賞誰都可以。不過有人曾這樣說，在街上看到白髮而美麗優雅、時髦的人，總會吸引她的目光，那可能是七十幾歲、八十幾歲的人吧。為什麼會這樣呢……不過當時我覺得，懂得欣賞那樣的女性，她自己本身就很優秀。

這位女性對於想穿的衣服都很勇於嘗試，換種說法，就是「華麗又有朝氣，富有個性的女性」。雖然我覺得應該沒有所謂「令人憧憬的白髮女性」，但是有一天，她將以這樣的格調渡過老年吧。這其中的落差顯示出她的深度，令人感受到她有多精彩。我想，應該是她對七十幾歲、八十幾歲長者的成熟心懷尊重，這樣的想法本身令人覺得感動。

即使與現在的自己有相當差異，但是嚮往適當的目標很理想。由於擁有優良的美意識，對於老年有健全的價值觀，我想這樣的人一定會在老化的過程中，依然保持美麗。

rule

106

「靈光一現」是幸福的開始

「想到就是最好的時機」，如果不行動就會停頓下來。

什麼事也不做。誰也不見。保留「空餘的時間」讓身心放鬆非常重要。但是如果自己覺得「無聊」，將會達到反效果。

所以如果感到無聊，最好立刻想想該做某件事。譬如想到「去完成那件事吧」、「這件事非做不可」。有句諺語說「想到就是最好的時機」。不用多加說明，只要想到該去做某件事，這一天就是吉日，立刻著手最好……雖然有這樣的意義，但其中隱藏了兩個道理。總之，立刻行動最好，以及有動機本身就是件好事。「什麼想法都沒有的人生」很無趣，過於無聊。

譬如想到：對了，種點香草吧。啊，那部電影已經上映了，要趕快去看。對了，開同學會吧。或是想到輕鬆愉快的企畫案，寫電子郵件給同事。欸，欸，我剛剛想到，大家要不要一起去北海道吃螃蟹？即使只是不重要的小事，只要想到就很棒。這說不定可列入人生最重要的事項之一。

即使只是想到，如果不付諸實現，完全無法讓人生更豐富。所以要牢牢記住，「想到就是最好的時機」。如果不這樣的話，只會一直增加「有一天」的願望。要知道如果不在想到當天就行動，什麼都不會開始。正因為今天開始著手，所以漸漸成形讓人生更豐富。就算有些想法，也可能因為無聊或其他慾求不滿產生的壓力而感到痛苦，所以要小心。

對於成年人來說，「靈光一現」正是幸福的開始。

rule
107

試著自己剪頭髮

勇於自己剪頭髮的自信，將會使人年輕。

現在年輕的世代流行「手作」之類，不只因為興趣，據說也因為不想跟別人使用同樣的東西。買便宜的衣服，經過自己裝飾之後，成為個人獨創的服飾，養成既省錢又奢侈的習慣。

同樣地，自己烤蛋糕，甚至自己種菜……在現在這個時代，顯然是日常生活中最奢侈的事。因為世界上已經物質氾濫，特地費工夫與時間「自己動手做」的意義已經完全改變。

雖然意義稍有不同，從很久以前我就試著自己剪頭髮。因為一直找不出時間去髮廊，頭髮變長後讓人稍微有點煩躁。

當然我並不懂剪頭髮的技巧，只是稍微修短而已。完全是衝動地開始動手。不過短髮不適合我，長髮比較有掩飾的效果。剪髮過一陣子以後，為了掩飾不整齊的髮尾，必須把頭髮弄捲，但是如果能讓頭髮變長，自然地習慣以後，也有可能維持直髮的造型。

花上一整天待在美髮沙龍，感覺多少有些損失慘重，而且經歷過多次剪完跟別人一樣的髮型，覺得尷尬之後，自己動手剪髮，而且剪得成功，就會帶來相當的快感。當然相反地，由專業人士動手所獲得的喜悅，讓他人觸摸頭髮得到類似「療癒」的快感，都是無可替代的。不過親自動手而變漂亮的感動，以另一種意義來說，也很特別。

最近流行的按摩熱潮，讓我發現可以自己動手作淋巴按摩，用自己的手消除浮腫，讓臉變小。自己動手就可以變漂亮的自信，遠超過隨著年歲增長「減少的自信」，為熟齡的人注入新的勇氣與年輕。

感覺老化的人只是不知如何是好，在發現自己的手可以抵抗老化的瞬間，自然湧現意想不到的能量。就像「自給自足」是人類生命力的證據，在必要時可以靠自己變美麗的自信，於是也轉化為自己的生命力。這是為了不論到幾歲，依然美麗而且綻放光采。

rule 108

為什麼人一定要變美？

成為一個令人愉快的人吧！

為什麼人一定要變美，你知道原因嗎？當然其中之一是「為了帶給自己自信」。

不過，希望各位知道其實還有一個更重要的理由。那就是，會**成為一個令人愉快的人**。

就像以花裝飾，會令人感到舒服，出門欣賞美麗的風景，也會感到愉悅，如果有美麗的人在身旁，由於感覺很好所以愉快。

讓自己變美，無非是為了讓家人與身邊的人，以及世界上其他人感到快樂，覺得幸福。

所以想要變得美麗，就像看待風景或花一樣。

本書根據《朝日新聞》Bon Marché「如何美麗地增長年紀」專欄（二〇一〇年八月～二〇一五年八月）內容，大幅增修改寫而成。

齋藤薰持續保養身心的習慣與物品

Best 18

e

d

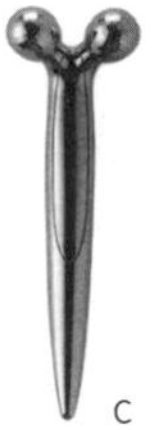
c

b

a

d. RADIANT TOUCH（Yves Saint Laurent 聖羅蘭）

不用說也知道，
備受矚目的絕對名品。

儘管有類似的產品問世，也絕對比不上這件原創品。它能夠徹底地自然遮蓋黑眼圈或暗沉，不可思議地適合重點使用，就可達到絕妙的平衡。只要使用過一次，其他的產品很容易看不上眼，效果就是這麼完美。已經持續長銷二十年以上，可說是傳說中的逸品。我應該會終生持續使用吧。

e. TAKAMI SKIN PEEL BODY（TAKAMI）

一掃上臂、
小腿的毛囊角化症！

讓人毫不勉強、優雅地除去不必要的角質，真的在不知不覺間，獲得光滑、毫無困擾的肌膚，因此成為暢銷商品。運用在皮膚治療上，可藉由這項產品特有的濃度，自己在家去角質。而這是身體專用的角質調理凝露。讓上臂、小腿、屁股等處不再粗糙，變得光滑柔嫩。

b. LIPOSOME Treatment Liquid（DECORTE 黛珂）

在一次使用的化妝水中，
含有數兆個微脂囊？！

已持續長銷二十年以上的超級明星商品，是「MOISTURE LIPOSOME」系列的化妝水版，是現在最受注目的化妝水。「微脂囊」就是將有效成分加入、運送的聚合體。由於尺寸比細胞小，而且在一次使用的分量中，含有數兆個微脂囊滲入肌膚。所以只要用一次就能改變肌膚。

c. ReFa S Carat
鉑金滾輪美容按摩器（MTG）

透過兩個滾輪，
達成「緊緻拉提」的神器。

就在不久之前，有「小臉滾輪」之稱，按摩肌膚的美容道具掀起一陣熱潮，其中 ReFa S 系列可說是最高傑作，非常暢銷。運用兩個滾輪巧妙地挾住肌膚按摩，可說是劃時代的產品。這一款是其中的迷你版，連眼睛周圍也可以自在地輕柔按摩，可以針對部位特別保養。這項優秀的知名道具，對我而言已成為終生使用的物品。

a. EXCIA AL renewing extra rich milk SV（ALBION 奧碧虹）

我的基本保養，就是洗臉後立刻塗乳液。

雖然已經成為慣例，一般來說，洗臉後「先用化妝水再擦乳液」是不變的步驟。但 ALBION 自創立以來，就一直主張洗臉後「首先要擦乳液，接下來才是化妝水」，因為這樣一定會讓肌膚變漂亮。事實上，肌膚會比較豐潤。也就是說，會讓肌膚更有透明感，變得光滑、有彈性。所以我一直持續使用。

g

f

十公分高跟鞋

穿起來走路很辛苦，
但是有提升的效果。

據說有些高跟鞋跟甚至有十三公分，的確非常高，不過一般還是以十公分為限。就這層意義來說，最好先準備十公分的高跟鞋。並不是用來走路，而是作為正式場合穿的鞋子。據說穿著高跟鞋這件事本身，就會促進女性荷爾蒙分泌，所以我想一輩子持續穿高跟鞋。

g. ROHTO NANO EYE
（樂敦製藥）

即使對眼藥水迷而言，
也是相當具有革命性的產品。

精心設計眼藥水瓶的滴口，設計成只流出一滴的量。在滲入眼睛的剎那，感覺液體輕柔地滲入周圍，而不會溢出眼眶之外。這一小滴可以充分地滋潤眼睛，令人覺得心情愉快。剛開始使用時，的確令我驚訝。後來變成我持續使用的眼藥水。除了緩解眼睛充血之外，也有助於消除視力疲勞。

f. COCO MADEMOISELLE
（CHANEL 香奈兒）

每次使用，一定會收到讚美的極致香氣。

香水最好還是以會不會有人讚美為選擇的基準比較好。就這點來說，在我過去所使用的香水中，最多人稱讚的是這款COCO MADEMOISELLE。連計程車司機先生都這麼說。散放溫柔的氣味，讓自己的印象變得柔和，除了使自己獲得療癒，也讓周遭的人感到幸福，以這層意義而言，可說是達到極致。

環狀耳環

從二十幾歲開始持續配戴，
是我重整自己的關鍵。

我總覺得只要一戴上耳環，自己又立刻重新成為女人，所以出門時一定會配戴。我蒐集了各式各樣的耳環，包括不管跟什麼衣服都能搭配的簡單環狀耳環，或是綴著一顆大珍珠的耳環，以及在幾公尺外就能看見的垂吊耳環。而且耳環還有讓臉看起來比較小的視覺效果，值得嘗試。

電影欣賞

我特別愛看電影，
也擅長「邊看邊工作」。

我唯一的特技就是邊看電影邊工作。甚至還可以一邊寫稿。如果要邊看字幕，還是不太可能，只因為跟得上故事而感到快樂。所以我看得並不認真，請多多包涵。不過我最喜歡那種匆匆一瞥，但開始看之後就欲罷不能的電影，這往往是自己印象最深刻的電影。我最喜歡的女演員是凱特．布蘭琪與史嘉蕾．喬韓森。

j

j. 蜂巢蜜

連巢一起食用的濃郁蜂蜜。

所謂的蜂巢蜜，是連蜜蜂儲存蜂蜜的蜂巢一起品嘗，可說是最完整的採擷蜂蜜。由於蜂巢格以蜜蠟封起，所以營養豐富。甜味也很自然，如果嘗過蜂巢蜜，對於普通的蜂蜜可能會覺得無法滿足。喝紅茶時，可以用湯匙盛點蜂巢蜜，一邊品嘗。由於溶入茶中營養會耗損，所以祕訣是先品嚐蜜再喝茶，重覆這個過程。（「西村蜂蜜 & amelia」販售）

i

i.「密 -hisoca-」（大正製藥）與優酪乳

終於找到適合我的「整腸」黃金組合。

經過長期尋找，我終於發現適合自己的黃金組合，那就是「密」與優酪乳，可確實預防便秘。「密」是大正製藥推出的美容濃縮飲料，採擷十幾種東西方草藥製作而成。可依照個人喜好選擇口味，如果為了「通便」，任何一種都可以。跟優酪乳一起喝的確很美味。對我而言這是最好的整腸劑。

h

h. WILKINSON 氣泡水（朝日飲料）

口感強烈的氣泡水，變成最好喝的水！

我不愛喝水。不論什麼樣的礦泉水，都覺得不好喝，沒辦法喝太多。所以身旁經常擺著氣泡水，在用餐前飲用，有天然的瘦身效果。其中 WILKINSON 的氣泡水口感最強烈，只要喝一口就能感覺到水的清涼感，的確是令人滿足的高濃度碳酸飲料。好像零卡路里，而且不含糖。

蘋果與蕃茄

有了蘋果就不需要醫生，有了蕃茄就不需要化妝品。

在歐洲時，我上班途中經常看到女性邊走邊啃蘋果。「有了蘋果就不需要醫生」，就像這句話的意思，每天吃一顆蘋果，血液循環會變得很流暢，腸道也會變清爽，有助於維持健康。另外蕃茄對身體也很好，從抗氧化效果到美白效果、瘦身效果一應俱全。這兩種我都很喜歡，每天都在吃。

l

k

l. 冥想之浴 Meditation Bath α（AYURA）

使用入浴劑之後，讓人忍不住想沉浸在白濁芳香的洗澡水。

在洗澡時，我習慣一定會使用某種入浴劑，原本沒有特定使用哪一種，整年都在替換，這是讓自己更加享受洗澡時間的祕訣。現在唯一會讓我考慮的是，用餐時要吃什麼。不過，我總是會準備這瓶「冥想之浴」。白濁柔潤的洗澡水與澄澈的香氣令人陶醉，我喜歡到深怕斷貨的程度。

攝影：岸本絢
（朝日新聞出版攝影部）

大提琴

當心靈紊亂的時候就彈奏樂器，這也是種療癒。

不知不覺中，我總是將樂器放在身邊，當心情混亂感到焦慮時，就會慢慢地開始演奏，這對我而言也是一種療癒。其中效果最好的應該是大提琴。當然如果練習不足一直出錯，也會累積壓力，可說是雙刃劍。不過，如果能自己演奏出美麗的旋律，的確是種奢侈的放鬆。

海洋與天空

每週看一次沒有受到遮蔽的海洋與天空。

年歲越是增長，就變得越想接近自然。每週至少要看一次沒受到遮蔽的海洋與天空，否則我就會覺得壓力彷彿已經累積到脖子。而且我每週都想看到一次令人屏息的美麗夕陽。所以我甚至會帶著工作去海邊。彷彿已經成為我的體質，眺望海與天空不需要任何理由，成為我放鬆的最佳方式。

k. 聖塔瑪莉亞諾維拉藥草水（Acqua di Santa Maria Novella）梅迪克（Liquore Mediceo）玫瑰靈藥（Elisir di Rosa）（聖塔瑪莉亞諾維拉 Santa Maria Novella）

十七世紀留傳下來的配方，難能可貴的藥草水

聖塔瑪莉亞諾維拉起源於義大利威尼斯，有八百年的歷史，是世界最古老的藥局。「Acqua」根據十七世紀的配方製作而成，濃縮藥草精華，有「可飲用的藥草水」之稱。另外還有以同樣歷史悠久的配方製成的各種藥草酒，大概相當於現在日本的養命酒？每一滴都對身體有益，就像藥材釀成的甘露。意外地好喝，我已經養成飲用的習慣。

比美容更重要的事

承蒙《朝日新聞》「Bon Marché」刊登，我的專欄「如何美麗地增長年紀」已經連載五年以上了。

美麗地增長年紀，這當然是取代「變老」的直接表現，從很久以前就開始使用的措詞。女性們雖然從這種婉轉的說法獲益不少，但是所謂美麗地增長年紀究竟是怎麼回事？簡單地回答，就是注意不要展現老態。

當然在現在這個時代，重返青春的方法有很多，想要維持美麗地變老，也已經不是那麼困難。不過我想或許還需要更具決定性的答案。

於是不知從何時開始，我確信這跟「留意」或許有關。也就是發現「如果是不自然的年輕，寧可不要」。自覺希望受稱讚「好看」而不是「年輕」。並且察覺到「真正的美是什麼」。進一步說，發現「人生最重要的事物究竟是什麼？」如果找到答案，那就是恰如其分地變老，或許美麗一生都不會衰退，一直保持魅力……

所謂的「美容」，其實隱藏著很大的陷阱。據說資訊越豐富，人越變得無法思考，而且自己也可能察覺不出變美的方法。那是因為方法雖然知道很多，但是都還與魅力無關。所以跟「美容」相比，「留意」更重要。也就是「不需要花錢，光是留意就可以抗老」。基於這個想法寫成的專欄整理成冊，我發現對我而言也相當意義重大。

最後趁著這次出版之際，承蒙合作時費心照顧，在此向朝日新聞出版的內山美加子小姐，以及《朝日新聞》「Bon Marché」的主編岡本久美子女士，由衷地表達感謝。

一起來　0ZFB6005

一生美人力

養成美的體質，打造人生最佳質感的 108 種祕訣

作　　　者　齋藤薰
譯　　　者　嚴可婷
主　　　編　林子揚
責 任 編 輯　張展瑜

總　編　輯　陳旭華 steve@bookrep.com.tw
出 版 單 位　一起來出版／遠足文化事業股份有限公司
發　　　行　遠足文化事業股份有限公司（讀書共和國出版集團）
　　　　　　23141 新北市新店區民權路 108-2 號 9 樓
　　　　　　電話｜ 02-22181417
法 律 顧 問　華洋法律事務所　蘇文生律師

封 面 設 計　Dinner illustration
內 頁 排 版　新鑫電腦排版工作室
印　　　製　通南彩色印刷有限公司
原 作 出 版　2015 年
初 版 一 刷　2017 年 5 月
二 版 一 刷　2019 年 7 月
三 版 一 刷　2024 年 2 月
定　　　價　380 元
I　S　B　N　978-626-7212-52-3（平裝）
　　　　　　978-626-7212-49-3（EPUB）
　　　　　　978-626-7212-48-6（PDF）

國家圖書館出版品預行編目資料

一生美人力：養成美的體質，打造人生最佳質感的 108 種祕訣 / 齋藤薰 著 ; 嚴可婷 譯 . -- 三版 . -- 新北市 : 一起來出版 , 遠足文化事業股份有限公司 , 2024.02
　面 ; 14.8×21 公分 . --（一起來 ; ZFB6005）
譯自 : " 一生美人 " 力 人生の質が高まる 108 の気づき
ISBN 978-626-7212-52-3 (平裝)
1.CST: 生活指導　2. CST: 女性

177.2　　112021355